いまを生きるあなたへ

神に招かれて

玉川聖学院
学院長
安藤理恵子

フォレストブックス

はじめに

玉川聖学院理事　前中高等部長　水口洋

本書は、玉川聖学院に入学してきた高校生に対して、毎朝の礼拝で安藤理恵子学院長が語った説教がまとめられたものです。キリスト教学校にとって礼拝は学校の生命線です。なぜなら生徒たちの日常の中に、みことばが光や風のように入り込む機会となっているからです。クリスチャン人口が一パーセントにすぎない国の中で、聖書のことばが自然な形で語られ受け止められる可能性がそこにあるからです。

しかし、日常生活の中に聖書の世界観が違和感なく定着するために、特に思春期を生きる生徒たちの心の中で確かな位置を占めるための条件は、そのことばが人格から人格に伝わることばでなければならないということでしょう。いくら壇上から愛を語っても、語る人の中に愛がなければ、聖書のことばは実質を失い、むしろ否定的なイメージを与えてしまうからです。敏感な感性を持っていて大人を批判的に見る世代の生徒たちは、本質的に人間を見極める力を持っています。語ることで我が身のあり方が問われ続けるのが学校礼拝の特徴だと言えます。

明治初期に海を越えて来日したミッションスクールの宣教師たちの語ることばは、内容がすべて理解されたかは定かではありませんが、その人格に触れた生徒たちの魂を揺り動かしました。やがて彼らが社会に出て、暗闇に光を届ける働きに従事したことにより、キリスト教学校は社会的に認知されていきました。本物に触れることで変容していく生徒たちの心は、いまも変わらない真実です。

本書は、著者が毎朝の礼拝説教の時間として与えられた十分間という制約のなかで、初めてキリスト教に接する生徒が多くいることを意識して、旧新約聖書の世界からのメッセージが語られています。どうしたら現代の生徒たちに伝わるかを苦慮しながら、著者は知識をひけらかしたり、思想を押しつけたりすることなく、聖書のことばの持つリアリティをストレートに語っています。長年にわたり、青少年に彩り豊かで人を動かす聖書の世界観を紹介することに心血を注いできた著者ならではの、見事な翻訳能力が生かされています。この爽やかさが生徒たちの心に届くのでしょう。安藤学院長の就任以来、聖書のことばが生徒たちの日常生活の中で、確かな場所を占めているようです。

この本を手に取ったら、書かれた文字を音読してみてください。語られている普遍的な真理がより身近に感じられると思います。聖書のことばがあなたの日常を支えることに気づいていくと思います。

目　次

◉いまを生きるあなたへ――神に招かれて

はじめに　水口洋　3

春　新しいはじまり　11

Ⅰ　大人の悩みのはじまりの日　12
Ⅱ　この自分でよかったと思える人生　17
Ⅲ　不思議な書物、聖書を読む　26
Ⅳ　神の子を知る　36

夏　心の葛藤　47

Ⅰ　葛藤の先の出口　48

Ⅱ　そこにいる当事者を知る　57

Ⅲ　イエスのことばを聞く　66

Ⅳ　人生の意味を問う　75

秋　受け取る喜び、ささげる決意　87

Ⅰ　恵みを毎日受け取る　88

Ⅱ　イエスの問いに答える　97

Ⅲ　ゆるされたようにゆるす　107
Ⅳ　神に再び出会う　117

冬　広がる出会い　129

Ⅰ　この時を選択する　130
Ⅱ　小さな者に目を留める神　139
Ⅲ　いのちをかけるに価するもの　148
Ⅳ　キリストにならう　158

おわりに　168

春

新しいはじまり

I

大人の悩みのはじまりの日

正しい者の悩みは多い。
しかし、主はそのすべてから彼を救い出される。

詩篇34篇19節

新入生の皆さん、ご入学おめでとうございます。

皆さんは今日、高校生になりました。いまの皆さんほどの年齢になれば、人生がいつも自分の思ったとおりに進むなどとは、もう思っていないことでしょう。

ある程度、これまで勉強してきたのなら、「戦争は日本では起こらない」とは、もう思えなくなっているのではないでしょうか。

ネットを通して海外のニュースを読んだり、世界につながっている小さな機械を持ち歩くことに親しんだりしてきた皆さんならば、遠くの国の内戦や虐殺、差別が、私たち自身の世界の出来事として、ごく身近に近づいて来ていることに気づいているのではないでしょうか。

もし皆さんが、その年齢に応じて世界を学んできたのなら、です。

今日、さらに大人としての一歩を踏み出した皆さんに、この聖書のことばを知ってもらいたいと思います。

「正しい者の悩みは多い。」

聖書で「正しい人」ということばが出てきたら、それは、失敗のない人とか、悪い心をかけらも持たない人を指すのではありません。

むしろ自分の心に、悪い心、憎しみや暴力、怒りや妬み、そういうものがあることに気づいていて、かつ、その対極にある神の心を知るようになった人を指すのです。

神の心を自分の心にしようとする人、と言い換えてもよいでしょう。人間が持っている愛を超えて愛することのできる「神」という存在を知り、その愛に基づいて、人をゆるすことを学んでいく人は、神の心に近づいていきます。そしてその道は、本当の人間になっていく道でもあるのです。

人を愛そうと願う心を持つようになった人には、悩みが増えます。逆に、自分のことだけ、自分の周りの人々のことだけを考えて生活するならば、私たちの日常はそれなりに平和に自分のペースで過ごせて、何も気づかずにいられることでしょう。

しかし、私たちが世界の現実を相手にしようとしたときから、自分の外の人々を愛そうと願い始めたときから、私たちの悩みは増える。そして、深くなっていくのです。

ものごとを深く考えること、広く世界を学ぶこと。それは、新しい悩みを増やしていくことにほかなりません。

しっかりと悩む勇気

しかし、ミッションスクールに入学した皆さんは、その悩みの中に鬱々《うつうつ》と埋没することにはなりません。

なぜなら、ここでは新しい悩みを増やすとともに、神という存在に向き合うからです。聖書の紹介する神は、人間の力、人間のいのち、人間の愛を超えた存在です。

この存在に出会うとき、世界は違ったかたちに見えてくることでしょう。

これからの学び、生活、人生の中で、自分についても、人についても、世界についても、人間の愚かな現実、悲しい限界、最終的には死に向き合うことになったとしても、それは終わりではありません。

それらを超えて私たちを助け出す、もっと広いところに連れ出す力を、人間ではない方が持っているのだ――そんなメッセージを、私たちは聖書から聞き続けることでしょう。

そういう心が自分自身の中に築かれていくとき、私たちはしっかりと悩む勇気、すぐには解けそうにない問題に取り組む意欲、見えない未来に期待していまを生きていく力を確かにすることができるのです。

今日は、大人の悩みのはじまりの日です。

聖書を通して、新しい世界に出会ってください。

Ⅱ

この自分でよかったと思える人生

はじめに神が天と地を創造された。

創世記一章一節

私は無宗教的な家庭に生まれ、親族にはキリスト信者はだれもいません。

ミッションスクールに関わったことも幼稚園の三か月だけで、キリスト教についてはほとんど知りませんでした。

私が小学校三年生のとき、一冊の本を読みました。子ども向けの『世界神話ものがたり』という本で、いろいろな国の神々について書かれていました。

聖書の話が最初のほうに載っていて、アダムとエバが最初の人類で、ノアの洪水の話も書いてありました。

次の章には、南アメリカでは神が大洪水を起こして、善良な男女一組を残して人間を殺したという似たような話が載っていました。

巻末には日本の神話もあって、イザナギとイザナミという二人の神が日本列島を作ったという、少しスケールの小さい話になっていました。

「結局、何が本当だろう?」と思ったものです。

当時の担任の先生が生徒全員と交換日記をしてくれていたので、「どれが本当の話なんでしょうか」と書いたところ、放課後に受け取ったノートには、「難しいことを考えているんですね」とだけ書いてありました。

子ども心にも、「ああ、大人も答えを知らないんだ」と感じたことを覚えています。それ以来、この種のことは考えるだけ無駄だと思ってきました。

本物の神?

そんな私が聖書そのものを読む機会を得たのは、中学校一年生のとき、キリスト教のラジオ番組から新約聖書が送られてきたときでした。十ページほど読み進めて、そのときは、書いてある内容に腹が立って読むのをすぐにやめてしまいました。

しかし三年経って、ふと「神はやっぱり本物が一人いるんじゃないか」と思い、あらためて新約聖書を読んでみました。

そのときはなぜか納得し、感動する気持ちになり、数か月後に近くの教会に行き始めました。

最初に牧師に質問したのは、進化論についてでした。聖書には良いことが書いてあるけど、非科学的な話なのではないか、と感じていたからです。

牧師から進化論に関する本を貸してもらって、読んでわかったことは、進化にしても、神が創造したにしても、だれも世界のはじまりを目撃していないし、実験のように同じことを繰り返せるはずもなく、つまりはどちらとも、推論はできても科学的に証明されることのない仮説である、ということでした。

私にはそれがわかっただけで十分で、神存在については、「自分がどのような理解を選ぶかどうかにかかっているのだな」と思いました。

その後、歴史的に有名な科学者たちにも神を信じている人たちが意外と多く、彼らが理路整然と神の存在について書いているのを読んだり、聞いたりしてきました。

いまは学問的に突き詰めても、キリスト信仰が決して非科学的ではないとわかり、安心して信じています。

全宇宙を創造した神

聖書が語る神という存在に関して、私がもともとぼんやりと持っていた神イメージと異なっていた点が二つあります。

一つは、スケールの大きさです。

聖書の神は、日本列島だけ、地球という惑星や太陽系だけではなく、全宇宙を創造した存在です。私たちがいま存在している空間や、経験している時の流れという時間軸も神がはじめたものだとしたら、さすがに圧倒されます。

もしもそういう存在がいるのなら、そして、その存在が心を持っていて、私の味方をしてくれるというのなら、たしかに死を恐れずに信じていく価値があるように思いました。

また、二つ目に驚かされたのは、微小なところに至る正確さです。神を創造者と考える人々は、自然界の秩序の美しさを語ります。そこには生物の細胞のつくりや働きの繊細な確かさや、動植物の細部にわたる美しいデザインがあります。自然界の研究を究めた人ほど、創造主を認めざるをえないのではないかと思います。

神がそれほどに、小さな存在の中に複雑さをもたらす方であるならば、私たち人間の心の混乱しきったひだのすべてもわかってくださる方なのではないか、と思うのです。

もしもこのような神がいるとしたら、私たちの人生の価値観は大きく変わるのではないでしょうか。

「なぜ」を問える人生

まず、「人生は偶然が支配しているのではない」ということになります。

かつての私のように、皆さんも人生を問うことに空しさを感じることがあるのではないかと思います。

もしも世界が偶然の積み重ねだけで成立しているのならば、「なぜこんなことが起こるのか」「生きる目的は何なのか」という問いは、問うことそのものが空しいものです。

そうだとしても人間は、意味がない人生を生き続けることはできません。何らかのかたちで、自分なりの意味を生み出し、設定しようとするのが私たちです。

しかしもし、この世界に意図を持っている神が存在するのなら、私たちの「なぜ」という問いに答えがあることになります。私たちが探し求める先に、やがて納得できる未来がある、納得させてくれる存在がある、と期待することができるのではないでしょうか。

どうでもいい存在などない

第二に、「存在しているものの価値は、その存在自体にある」ということになります。聖書は、神が世界を創造し、人間を創造し終えたときに「非常に良かった」とコメントしています。

神は不完全なもの、中途半端なもの、失敗作を造りません。この世界に存在しているものは、この世界に必要だから造られたものなのです。

人間について考えるならば、それぞれが違う特質を与えられて生まれてきたのであり、お互いの差異はそれぞれのかけがえのない価値そのものであり、優劣を測るものではありません。

どうでもよい存在や、いなくてもいい人などいないのです。

いまこうして生かされている私たちには、この時代に必要とされている力や特質がすでに与えられているのです。

これからの人生は、神が造られた本来の自分を発見していく旅です。「私は、この私でよかった」と思えるような深い満足と感謝に至る人生に導こうとしておられる神がいます。そう考えると、世界が違って見えてきませんか。

Ⅲ

不思議な書物、聖書を読む

神のことばは生きていて、力があり、両刃の剣よりも鋭く、たましいと霊、関節と骨髄を分けるまでに刺し貫き、心の思いやはかりごとを見分けることができます。

ヘブル人への手紙4章12節

私が中学一年生で初めて聖書を読んだとき、読めば読むほどイライラしたことを覚えています。

わからないところは飛ばしながら、マタイの福音書を十ページくらい読みましたが、「罪人」という聞きなれないことばが何度も出てくるのに気がつきました。

その定義は、人の悪口を言うとか、心の中でいやらしいことを考えるという程度の、人間ならだれもがやっていることでした。

聖書が私のことを「罪人」として責めていることが不愉快でした。また、どんな読み方をしても、聖書の主役はイエス・キリストという人物で、このイエスを信じなければだれも救われないという主張が繰り返されていることがわかりました。

宗教家のくせにイエスは威張りすぎていて、謙虚さに欠けると感じたことを覚えています。こんな宗教を信じ込んでしまったら、考え方が偏ってしまいそう。こんな神の言うことを聞くようになったら、自分の人生が自分のものでなくなってしまいそう。そんな不快感に駆られて、二度と読まないつもりで聖書を本棚の奥にしまい込んだのでした。

まさか、三年後に教会に行き始めることになるとは、思いもしませんでした。

「人間」を考える

聖書は、神から人に対するラブレターだと言われています。

実際に書いたのは人間ですが、神がその人々に働きかけてご自分のことばを書かせたのだと信じられています。

聖書を読むことを通して、私たちは神という存在を前提にした価値観に向き合うわけですが、その際に、人間とはどのような存在なのかを考えざるを得ません。

そして人間を考えるとは、自分自身を知ることなのです。ですから聖書を読み続けることとは、自分の正体に気づいていくプロセスだとも言えるでしょう。

それは時として、かつての私のように不愉快な経験であるかもしれません。しかしもし、私たちが自己洞察を深めていくのなら、聖書が指摘する人間の姿は、普遍的に正しいと認めざるを得ないと思います。

聖書を通して神が私たちに語りかける内容について、三つのポイントを挙げてみましょう。

神からの愛のことば

第一に、聖書のことばは、私たちへの神の愛を教えます。

「わたしの目には、あなたは高価で尊い。

わたしはあなたを愛している。」

（イザヤ書43章4節）

神は人への愛を、あからさまなことばで語ります。そして、ことばだけでなく行動によっても示します。

最上級の愛の行為として、人間たちの身代わりの「死」を引き受けるのです。

人間の代わりになるために、人間の体を持つものとして生まれ、神でありながら人として生きて死んだのがイエス・キリストです。そして、このイエスが特別な神の子であったということは、彼が死後三日目に復活したという事実によって証明されています。

旧約聖書が指し示しているのは、救い主がやがて来るという予告であり、新約聖書が示しているのは、ついにやってきた救い主の姿と、この救い主に対する信仰への招きです。聖書全体が、イエスを仲介者として神の愛を受け入れてほしい、と人間に訴えているのだと言えるでしょう。

心の真実を暴くことば

第二に、聖書のことばは、私たちの心の真実を暴きます。

私たちはよく「心を込めて」「心をささげる」ということばで、物事に対する本気度を表現します。しかしそれは、人には裏表があり、見た目の態度と心の中とは違うという現実を前提としているのではないでしょうか。

聖書のことばは、「両刃の剣」にたとえられるような切れ味を持っています。私たちが普段ははっきり言わないこと、あいまいなままやり過ごしていることが、本当はどのような状態を意味しているのかを、聖書はバッサリと表現します。

私たちの考えや行動に整合性がないこと。人を批判することで優越感を得ることがあっても、同じ批判に自分自身が耐えられないこと。他愛ない冗談や軽口の背後に、人には言えない妬みや軽蔑があること。そして、どんなに愛を語られても、それを信じる勇気を持てないこと。

これらは人間すべてに共通することで、「自己中心性」と言い換えることができます。神の愛を認めることができず、そもそも神を認めることをしない、人間の持って生まれた利己的な性質のことを、聖書は「罪」と呼ぶのです。

私たちの日々のイライラする思いや自分が自分で嫌いになってしまう投げやりな気持ちは、そんな私たち自身を認めたくない心のあらわれだと説明できるのではないでしょうか。

見えないものを教えることば

第三に、聖書のことばは、見えないものについて語ります。

神は見えません。私たちの心やたましいも見えません。しかし、確かに存在します。

私たちが自分の心の深さや複雑さ、そして豊かさに気づくならば、私たちを創造した神の心がより広く深く複雑であると想像するのは、論理的だと思いませんか。

私たちでさえ人に無視されることに傷つき、裏切られることにショックを受けるのだとすれば、神がそれ以上に深く傷つき、嘆くだろうと考えてもよいのではないでしょうか。

そして、私たちが人とくつろいで話し合うのが楽しいように、神も私たちと向き合って語り合う関係になるのを、私たちが想像する以上に心の底から願っているのです。

未来も私たちには見えません。人生における未来も、死んだ後の未来も、どのような保証があるのかを人は知りえません。死後の世界については、私たちはなるべく考えないようにして生きています。

しかし、聖書は明確に死後の裁きについて語り、同時にそこから確実に逃れられる道を教えます。

もし私たちがいのちに関わる病気になったとしたら、あいまいな診断で、答えを濁す医師を選ぶことはしません。たとえ診断を聞くのが怖くても、本当のリスクを教えてくれて、効果的な治療をしてくれる医師を選ぶことでしょう。そういう医師に出会うことで、私たちは初めて正しい危機感を持つことができます。

人生と向き合うために

聖書の語る未来を知ることは、私たちが本来持つべき人生に対する真剣さを学ぶ機会でもあると思います。

「神のことばには力がある」と言われていますが、力というものも目には見えません。ただ、神のことばに耳を傾ける者には、その心に必ず何らかの変化がはじまります。

信仰を持っているわけではなくても、神のことばに日常的に触れていると、心が落ち着いて整理されるような気持ちを経験できると思います。

もし、神のことばを自分の人生の軸にして従う生活をはじめるならば、さらにはっきりとした形で、すさんだ心に安心感が、落胆した心に希望の灯が、苦々しい憎しみの心に人をゆるす力が、神からの贈り物として与えられることでしょう。

聖書は不思議な書物です。何度も焼き捨てられ、庶民に読むことが許されなかったときがあったにもかかわらず、二千年の時を経て、いまは全世界の多くの言語に翻訳されてベストセラーであり続けている本です。なぜ、ここまで読まれ続けているのでしょうか。

その力を、ぜひあなたも自分で読み進める中で体験してください。

Ⅳ
神の子を知る

主イエスは、私たちの背きの罪のゆえに死に渡され、私たちが義と認められるために、よみがえられました。

ローマ人への手紙4章25節

「あの人に比べたら、私はましなほう。」

そんなことばで、だれかの人生と自分を比較することで、自分を慰めたことがありませんか。

自分よりひどい目にあっている人、自分より人から認められていない人。情けないことではありますが、私たちは自分の周りにそんな存在を見つけることで、優越感や安心感を持ったりします。

そんな心の貧しさを持っている私たちのだれにとっても、「あの人に比べたら」と思うことができる人。それが、聖書で「救い主」として紹介されているイエスという存在です。

キリスト教会のシンボルが十字架であることは、よく考えるとグロテスクな話です。十字架はイエスの時代の処刑台で、苦しむ姿をさらしものにする屈辱的な極刑の道具でした。

一般的な宗教であれば、神や教祖の神々しい姿を前面に出してアピールするものですが、キリスト教は違います。

どうしてキリスト教の救い主は、こんなに情けない姿で、信仰の対象とされるのでしょうか。

イエス・キリストという人物

まず、イエスという人物が約二千年前のパレスチナに実在したことを知ってください。その誕生には不思議なことが重なり、大工の子として三十歳までは普通の人間として生活し、その後に人々の前で神について教えるようになりました。

他の宗教指導者のような見栄や党派心のない率直な教えが人気を博しただけでなく、病気や障がいをいやしたり、死んだ人を生き返らせたりするという奇跡が伴って、多くの弟子たちが付き従うようになりました。

しかし、自分を神の子とするまっすぐなことばや態度が、当時の宗教指導者たちの妬みを買って、わずか一晩のうちに不当な裁判によって処刑に追いやられます。

イエスの一行がエルサレムに入城したときに大歓迎した人々も、数日後にはフェイクニュースに扇動されて手のひらを返したように、イエスをののしる群衆に変わってしまいました。

裏切る者は身近な弟子の中から現れ、他の弟子たちもみんな逃げ去って、イエスはひどいむち打ちの末に十字架に磔《はりつけ》にされます。

人々のために良いことだけをしてきたイエスが、最後に受け取ったのは、暴力とむき出しの憎悪、嘲笑と軽蔑、体の激痛とたましいの孤独でした。

しかし、聖書はイエスを、敗北した不幸な人間として描いてはいないのです。彼は、生前から何度も自分が十字架で処刑されることを予告し、かつその後に復活してみせることを弟子たちに伝えていました。

自分が人間として生まれたのは、裏切られて殺されるためだと知っていた、というのです。

そして、十字架上でうめくように祈ります。

「父よ。彼らをお赦しください。彼らは、自分が何をしているのかが分かっていないのです。」

(ルカの福音書23章34節)

イエスは、自分を死に追いやる人々を恨んでいません。憐《あわ》れんでいるのです。

その死は、人類の罪に対する神の刑罰を一身に引き受ける身代わりだったと聖書は説明しています。

彼の死がなければ、人間はだれ一人として神にゆるされることはないのです。逆に彼の死がありさえすれば、どのような人間でも、この救い主に信頼することを通して滅びをまぬがれ、永遠のいのちを受け取ることができるのです。

このイエスの死が、キリスト信仰の中心です。

そしてこの姿は、私たちがどのような境遇やどのような悲劇のただ中にあっても、「イエスのあの苦しみに比べれば」という比較を可能にします。この比較は、私たちとイエスの間を共感でつなぎます。「たとえ他の人がわかってくれなくても、イエスだけは私の苦しみを理解してくれる。」

私たちの孤独や痛みのすぐそばに寄り添うことのできるイエスは、人でありながらも、神である方だと説明されています。このイエスを通して、私たちは神が遠い方ではないことを知るのです。

どこまでも低く、私たちの心の底辺に降りて来てくださった救い主。十字架というシンボルは、神の人間に対する信じがたいまでの圧倒的な愛を示しているのです。

死で終わらない

しかし、イエスは死で終わった方ではありませんでした。

聖書によると、イエスは死後三日目に復活し、多くの弟子たちにその姿を断続的に四十日間、見せ続けたと言われています。

数名に対して、時には五百人以上を前にして、繰り返し目撃され続けました。遠くからではなくごく近くで、体に触れることのできた体験を弟子たちが聖書に書き残しています。

驚くべきことは、イエスの死後二十年程度しか経たない頃の記述に、「イエスの復活の目撃者はまだたくさん生き残っている」と書かれていることです。つまり、イエスの復活が嘘か本当か、目撃者に確認できる状況の中でキリスト信仰が拡大していったということなのです。

おまけに、イエスの復活を証言する者たちは早い段階から迫害されていました。復活が事実でないならば、あえていのちを危険にさらす必要はなかったのではないでしょうか。

興味深いことに、キリスト信仰が広まり始めたのは、厳密にはイエスの生前ではなく、その死後約五十日を経た後です。普通の新興宗教は教祖が強力な影響力を及ぼすときに拡大します。

しかしキリスト信仰は、教祖が死んだ後、さらに言えば、復活した後に天に昇っていなくなってしまった後に爆発的に広まったのです。

何か特殊な動機づけがなければ、教祖が捕まったときに散り散りに逃げた弟子たちが、一か月半後に急に元気になるのは不可解なことです。

初期のキリスト教の伝播の様子を伝える新約聖書の「使徒の働き」には、弟子たちの布教のことばが常に「私たちはイエスの復活の証人だ」というポイントだったことが記されています。

現代の私たちには、イエスの復活は最も信じがたい話ですが、初期のクリスチャンたちにとっては、イエスの復活を見てしまったということが信仰の土台だったのです。

死と復活

イエス・キリストの死と復活が意味することを、三つ確認しましょう。

第一には、イエスの復活が事実であれば、このイエスは普通の人間ではないという証拠になるといえるでしょう。

イエスは自分を神と等しい存在、神の子であると紹介し続けていました。自分の死と復活を予告し、そのとおりによみがえったというのならば、この人は只者《ただもの》ではないと思ってよいのではないでしょうか。

第二に、もしイエスが只者ではないとすれば、彼の死の意味が変わります。人間の死ではなく、神の死が十字架上でなされたことになります。イエスの死とは、ひとりの人間の死ではなくて、歴史を超えた人類全体の身代わりに価する刑罰を、創造者自らがすべて負った姿だったのです。

第三に、イエスの復活が、私たちの死にも影響を与えるとするならば、私たちの人生観が変わります。イエスは、自分を信じる者は、イエスと同様に復活すると言いました。イエスの復活は、人類にとっての死の克服となるというのです。

だれでも人間には、必ず最後に死が待ち受けています。死の恐怖は、人生にいつも影を落とします。もし、この死を恐れる必要がなくなるとするなら、死を超えた先をむしろ楽しみにできるとしたら、地上の人生の長短にかかわらず、私たちは人生を本当の意味で喜び、大胆に挑戦する生き方をはじめられるのではないでしょうか。

夏

心の葛藤

Ⅰ

葛藤の先の出口

ですから、だれでもキリストのうちにあるなら、その人は新しく造られた者です。古いものは過ぎ去って、見よ、すべてが新しくなりました。

コリント人への手紙第二　5章17節

「変わりたい」という願いを持っていますか。

新しい環境の中で、もっと自分らしくふるまえるようになりたい、人との関係を作り直していままでとは違う自分を表現したい、という願いがあるなら、それはあなたが新しい可能性に向かう力です。

「本当の自分」を確かめるために、悩みながら進んで行くことは、若い時の大切な仕事です。

ぜひ、自分のペースで時間をかけて悩み続けてください。

もしもあなたがすでに、そのような取り組みをしているのなら、もう気づいているのではないかと思います。

自分の中には、変わることができる部分もあるけれど、一方で、努力しても変われない部分がある。表面的には、いろいろなことができるようになってきたけれど、相変わらずそのままの部分もある——。

そんな自分に気づきませんか。

たとえ自分に関して気づくことがなくても、他の人との関わりの中で、その人の変わらない部分に気づいてきませんでしたか。

「どうしてこの人は変わらないのだろう。自分のどこが悪いのか自分で気づいていないのだろうか。」

そうなのです。人は、自分の最も変わらなければならないところに、気づくことができないのです。

変われない自分

聖書の中のパウロ（別名サウロ）の体験は、そんな私たちに通じるところがあります。人間の変革を神がどのようになさるのかを、パウロの例から考えてみましょう。

パウロは、イエスを信仰する人々への迫害を、なすべき正しいことだと信じていました。

彼がそれまで身に着けてきたユダヤ社会における良識と、神の律法のエリート専門家としてのプライドから見れば、イエス・キリストへの信仰は得体の知れない新興宗教そのものでした。

パウロは疑うことなく、悪者は向こうなのだと思っていました。神に対する奉仕として、神に喜ばれると信じて迫害していたのです。彼はクリスチャンを捕縛する許可証を得て、ダマスコという町に出かけます。その途上で、突然の強い光によって地面に打ち伏され、見えない存在からの語りかけを耳にします。

「サウロ、サウロ、なぜわたしを迫害するのか。」

彼はそれを神の声かと思いながら、名前を尋ねます。「主よ、あなたはどなたですか。」声が答えます。

「わたしはあなたが迫害しているイエスだ。」

パウロが迫害していたのはクリスチャンであって、イエスその人ではなかったのですが、その声は「あなたの迫害はわたしに対してのものだ」と語ります。

パウロは、神の声がイエスの名を告げたことに愕然《がくぜん》とします。自分のしていたことが、じつは神に敵対することだったのかと、まったく考えもしなかった事実を突きつけられます。

よかれと思っていた自分の行動がまったくの的外れであったことを悟るのです。

何とかその場に立ち上がったものの、どんなに目を見開いてもまったく何も見えません。ダマスコの町に入ってから三日間、パウロは何も口にすることができないままでした。

自分は正しいと思っていたパウロの人生にストップをかけたのは、自分の悟りでも、人からの忠告でもなく、神からのことば、イエスのことばでした。

そしてそれは、「おまえは間違っている」という結論を突きつけるかたちではなく、「なぜ迫害するのか」という問いかけだったのです。

人間が変わるとき

パウロの体験から言えることは、第一に、神からの問いかけが人間の変革のきっかけとなるということです。

パウロは、神の声から直接問いかけを受けました。今日の私たちは、聖書を読み進めるときに、神からの問いに何度も出会います。そして、その問いは、「どうしてだ」と私たちの動機を探ります。

神のことばは「私はどういうつもりで生きているのだろう。いったいどこに行こうとしているのだろう」と、自分の存在の意味についての問いを私たちの中に呼び覚まします。

もし、このような問いがあなたの心に浮かんだことがあるならば、それは神からの静かな語りかけなのかもしれません。

第二にパウロの出来事から教えられることは、変革の過程には心の葛藤が伴うということです。

飲まず食わずで過ごした三日間、自分の体験がいかにリアルであっても、認めたくないという思いがパウロにはあったに違いありません。長い間、真剣にがんばってきた人ほど、自分のいままでを否定したくないのは当然のことです。視界が閉ざされた中、パウロはどれほどの混乱と後悔に沈んだことでしょうか。

私たちも、気づかなかった自分の真実に対峙することには躊躇《ちゅうちょ》します。真剣に生きてきた人でなければ葛藤はないし、葛藤のない変革はむしろ変革ではないと言えるでしょう。

しかし心の奥で、自分が向くべき方向がどちらなのかをわかっている場合には、それから逃げ続けてはいけません。

聖書では、向くべき方向に向きを変えること、つまり神に向き合うことを「悔い改め」という特別なことばで表現します。

いないと思っていた神を認めること、その神に対する自分の態度が問違っていたことを認めることは、葛藤を経ずにはできない方向転換です。それが神のことばによって私たちが問われていることなのです。

パウロはダマスコにおいて、アナニアという名の人が自分を訪ねて来て、目を治してくれるという神からの幻を受け取ります。はたして、アナニアというクリスチャンが神に導かれてやってきて、パウロの上に手を置きます。目が見えるようになったパウロは、すぐにキリストを信じる者として洗礼を受け、いままでとまったく逆のことをはじめます。

「イエスこそ神の子です」と、人々の前で語り出したのです。

彼は自分の葛藤には出口があることを、神から告げられていました。このままずっと悩み続けるわけではなく、だれかが目を開けに来てくれることを知っていました。そして、パウロは待ったのです。

このことから、第三に、パウロの変革は、人との出会いによって確かなものとされたと言えるのではないでしょうか。

パウロにとって、自分が軽蔑し、迫害していたクリスチャンの見知らぬ一人に手を置かれていやされるということは、最後のプライドが粉々にされるような出来事だったかもしれません。

しかし、そこに出口があったのです。

ダマスコ途上で彼は神の特別な啓示を体験しますが、人間の助けを受け入れることが、パウロの変革を決定的なものにしたのです。

私たちにとっても同様です。

葛藤の先には必ず出口があります。しかしそれは、劇的な出来事としてではなく、日常の中の人との出会いの中で与えられることが多いのです。

神は、聖書のことばを通して直接私たちに問いかけると同時に、人を通して私たちの決断や行動を促す方です。そしてあなたの存在も、だれかの心の変革のために神に用いられていくのです。

Ⅱ

そこにいる当事者を知る

「この人は、なぜこのようなことを言うのか。神を冒瀆《ぼうとく》している。神おひとりのほかに、だれが罪を赦すことができるだろうか。」

マルコの福音書2章7節

事件が起こるとき、そこには被害者としての当事者がいます。私たちはいつもニュースで事件を知り、死者の数でその事件の大きさを値踏みし、写真や映像を見てわかった気持ちになります。

そして、地理的時間的に距離がある事件なら、すぐに忘れてしまうことができます。記憶が遠くなることで、すでに解決したのだろうと安心することもできます。

しかし、当事者たちは違います。

その事件の時から、世界が変わり、人生が変わり、自分が変わってしまうのです。犯人が死んだとしても、死んだからこそ、心の怒りの持っていき場がない。だれを憎み、だれを罰すればよいのかわからない――そのような思いになるのではないでしょうか。

「ゆるしがたい」「ゆるせない」という思いを当事者として持つことは、私たちの想像を絶する心の負担です。

それは、復讐心として行動する力になり、大きなことを成し遂げていくことを可能にする、大きなエネルギーでもあります。実際に、不正や悪に対する人々の怒りが革命を起こし、社会を変えてきました。

しかし、それは基本的には破壊的なエネルギーとして伝染していきます。暴力的な力によって変革された社会は、しばらくすると、また別の怒りによって変えられていくのです。

人間の中には正義を求める心があります。しかし、人間が人間に対して持つ「ゆるせない心」の恐ろしさは、被害者であった人をやがて加害者にしてしまうところにあります。

その心がはじまったときに持っていた、純粋に正義を求める思いが、やがて違ったかたちでふくれあがってしまうのが、私たち人間の愚かさなのではないでしょうか。

「ゆるす」という道

この怒りの重荷から解放される道は、仕返しを十分にするというところにはありません。

相手のしたことを「ゆるす」道しかないのです。

しかし、私たちの中には、当然こういう思いがわくことでしょう。「ゆるしてしまっていいの？」「あんなことをした人をゆるしてしまったら、世界はどうなってしまうの？」

そして、こうも思うでしょう。

「あなたがゆるしを語っていいの？　それを語る資格があるのは、被害者やその家族だけじゃないの？」

そのとおりです。そしてそれはそのまま、聖書の主題でもあるのです。

ゆるすことができるのはだれか

新約聖書のマルコの福音書2章では、人の病をいやす力を持つことで有名になったイエスのところに、身体が麻痺して動けない友人を運び込んで来た四人の人が出てきます。

イエスのいた家が人々で大混雑していたため、彼らはなんと外から屋根に上り、イエスの真上の屋根をはがして、動けない友人を寝床ごとつり下ろしたのです。

彼らは、イエスが友人を治せる力を持っていると信じていました。イエスは彼らの信仰を見て、つり下ろされてきた彼らの友人に向かって言います。

「子よ、あなたの罪は赦された。」

イエスがまず彼に伝えたのは、身体のいやしについてではなく、罪のゆるしについてでした。

そのときに、イエスに対して批判的な思いを持って同席していた律法学者たちが心の中で反発します。それが冒頭のことばです。

律法学者たちはユダヤ人の中でもエリートで、神を信じ、神の掟に精通していると自負していた者たちです。神のことは自分たちのほうがわかっているという思いと、人々に注目され信頼されているイエスへの妬みから、イエスの落ち度を見つけようと一部始終を見ていたのです。

彼らは、神は唯一神であり、創造主であり、人間とはまったく別格の存在であり、人間の罪を裁くこともゆるすことも、この神だけが権威を持っていると信じていました。

それはそのまま旧約聖書で紹介されている神の姿です。彼らにとって、イエスが「罪はゆるされた」と、まるで自分が人の罪をゆるす力を持っているかのように語ったことに憤慨《ふんがい》したのでした。


聖書では、罪とは神に対する反逆を指します。本来は心を共にして向き合うべき存在であった神に、アダムとエバが背を向けて以来、人間の心は神がわからなくなり、それによって自分の価値も見失い、人の目を恐れるようになり、責任転嫁をして謝らなくなり、自己中心的な性質と死の恐怖に捕らえられるようになりました。

このような神と人との関係性において、被害者は神のほうなのです。傷つけられ、怒っているのは神のほうです。ゆるすことを語れるのが被害者だけだとすれば、神こそが、ゆるしの権限を持つ当事者だと言えるでしょう。

ゆるされるべき当事者

「神おひとりのほかに、だれが罪を赦すことができるだろうか」という律法学者たちのイエス批判は、聖書の価値観において正当なものです。ただ、彼らが知らなかったのは、イエスが神の子であり、人間の罪による被害者だったことでした。そこにいたのは、まさに罪のゆるしを語れる当事者としてのイエスだったのです。

イエスは、律法学者たちの思いに気づいて問いかけます。

「罪をゆるすことと、身体のいやしを与えることと、簡単なのはどちらだ。」

私たちにとっては、身体がいやされる奇跡のほうが難しいように感じます。しかし、神の力で自然界に働きかけることは、イエスにとって容易なことでした。ただ力を使うだけだからです。

しかし、人の罪をゆるすためには、自分自身を犠牲にする必要がありました。

この後、十字架にかかる自分の死によってのみ、罪人を救うことができることをイエスは知っていました。それは、イエスにしかできないことでした。

そのことを律法学者も、目の前の群衆たちのだれも知りません。

イエスは、自分が神の子であることを示すために、あえてこの病人の身体をいやす奇跡を行ってみせました。それは言わば、「わたしこそが、この人を、あなたたちをゆるすことができる、唯一の当事者なのだ」という表明だったのです。

私たちはみな、神に対する加害者です。

怒りと憎しみで「ゆるせない」と、神は私たちに言ってよい立場なのです。私たちが神の立場であれば、そう言うことでしょう。

しかし神は、神の子イエスに死を引き受けさせて、私たちをゆるす決意をそのまま実行してくださいました。

私たちは、赦しを受けとらなければならない当事者として、イエスにきちんと向き合うべきではないでしょうか。

Ⅲ

イエスのことばを聞く

心の貧しい者は幸いです。
天の御国はその人たちのものだからです。

マタイの福音書5章2節

私たちはみな、時間の枠組みの中で生きています。これをまたいで、過去に行ったり、未来に行ったりすることは、ドラマにはあっても実際にはできません。

時間軸のひとつの場所に立つしかない、という限界があります。未来のことは、それが起こるまではわからないのです。

ガラス越しの世界

このような私たちの人生は、曇ったガラスに囲まれた部屋にいるようなものです。

空が見えたり、山が見えたりしたとしても、ぼんやりしているので、「これは絵にすぎない。こんなものは実際にはないのだ」と私たちは思います。部屋の中にいるかぎりは、外の世界が現実であることを本気にすることができません。

しかし、もしその部屋に、外の世界の人が入って来たとしたら、きっとこう言うでしょう。

「いま、あなたの周りは、ガラスの壁で閉ざされてはいるけれど、外側には本当に空や海や山がありますよ。」

外界の人は広い世界の真実を教えてくれます。

イエス・キリストが語ることばはそれと同じです。私たちが生きているこの世界の外側からやってきた神の子が、内側にいる私たちに、部屋の中の現実よりももっと大きな真理を教えてくれているのです。

マタイの福音書5～7章には、「山上の説教」と呼ばれている一連のイエスの教えがまとめられています。

その教えは、「心の貧しい者は幸いです」という有名なことばではじまります。興味深いのは、これらの文章の構成です。

イエスは、幸いなのはどのような人を指すのかを列挙し、その理由と組み合わせて、八回同じような言い方を繰り返しています。そして、5章3節と10節の理由については、「天の御国はその人たちのものだからです」というまったく同じことばを現在形で使っています。

ところが、間に挟まれている5章4節から9節までのことばは、「幸いです」という結論は現在形のままなのですが、理由は未来形で表現しています。

「あなたがいま、じつは幸いであること、天の御国にすでにつながっているという事実を、あなたがたはやがて悟ることだろう」とでも言ったらよいでしょうか。

イエスは、この世でいま生きている私たちにとって、不幸としか思えないような状況や、報われないように思える忍耐のひとつひとつを神の祝福なのだと断言し、その根拠をいまの私たちの視野や枠組みを超えた未来の確かさに置いています。

「自分はダメだ」で終わらない

このことから、二つのことが学べるのではないかと思います。

第一には、いま私たちが感じている「足りない」「だめだ」という思いは、このままでは終わらないということです。

ここには未来の希望があります。現在経験している悲しみや労苦は、いま他の人から評価されることがなくても、必ず報われる日が来るというのです。

自分が持っている力や可能性も、いまは大したことないように見えたり、人から褒められることなく、気づかれないままになっていたりすることでしょう。

しかし、私たちは体も心も関係性も大きく広くなるにつれて、自分の中に、すでに神から与えられていたものを、徐々に把握していきます。

スマホにアプリをインストールするときでさえ、そのアプリの便利さがわかるのはそれを使い始めてからです。

見えない事実を私たちが自分の体験にしていくには、つねにしばらくのタイムラグがあるのです。

人生には、必ず次の展開があります。いまはっきり見えていなくても、それが明らかになる時が来る、というイエスのことばは、心が折れそうなときに、深呼吸ができる励ましだと思いませんか。

いま持っている情報や気持ちで結論を出すのではなく、ペースを落としてゆっくり構えて未来を待つことは、大きな可能性と付き合うために大切な姿勢なのです。

神によって与えられる希望

第二に、イエスがここで語っている「幸い」とは、神からの祝福であり、このままで終わらないという希望は神にかかっている、ということです。

聖書の語る「幸い」は、人が「幸せ」と呼ぶものとは異なります。

豊かさや人に認められることなどの幸せの条件が満たされていなくても、むしろそれらが欠乏している状態に対して、この神の存在こそが事態を変える力を持っているのです。

どのような状況であっても、神が祝福するときに、そこから希望と未来がはじまります。そして、神が祝福する人とは、足りないものを神に求め、神の心にかなう生き方をしようとする人なのです。

心の貧しい者、悲しむ者、ということばではじまった幸いな人リストは、柔和さ、正しさ、あわれみ深さ、心の聖さ、平和を希求する心というこ とばで、祝福される者たちの心を表現しています。

神の祝福は、その人の能力や立場ではなく、その人の心、人格によって決まると言われているのです。

これらの山上の説教では、神が人間をどのように見るのかが語られています。語り手のイエスは、「わたしはあなたがたに言います」と自分を主語にします。

神の心を「わたし」として語ることは、ユダヤ社会においては、神を恐れてだれもしなかったことでした。

人々は話が終わった後で、驚きを表現します。

「……群衆はその教えに驚いた。イエスが、彼らの律法学者たちのようにではなく、権威ある者として教えられたからである。」

（マタイの福音書7章28〜29節）

イエスは、窓から見えるものを研究しながら、外界を想像していた学者ではありません。彼は、部屋の中も含めた、世界の持ち主なのです。世界全体の真実を教えようと、人となって来てくださった方なのです。

このイエスは、いったいどういう方なのでしょうか。
どのような名前をつけて、向き合うべき存在なのでしょうか。
当時イエスの話を聞いた群衆と同様に、私たちにもその問いが与えられています。

Ⅳ

人生の意味を問う

あなたがたは私に悪を謀《はか》りましたが、神はそれを、良いことのための計らいとしてくださいました。それは今日のように、多くの人が生かされるためだったのです。

創世記50章20節

私たちの心には、「なぜ」という問いがあります。

無神論者のつもりでも、すべては偶然にすぎない、といつも考えているはずなのに、時として私たちは起こっている事柄に何者かの意図が働いるのではないか、という発想を持ちます。

私たちは、人生に意味を見いだしたいのです。ですから、つい「どうしてこんなことが起こるのか」「なぜこのタイミングで、私にこの出来事があるのか」と思うのではないでしょうか。

自分が幸せを感じるときにすら、「こんなに幸せでいいのだろうか？」と、私たちは思います。そしていま、喜びすぎていると何者かの気を損じて、不幸を与えられてしまうのではないかと考えたりしませんか。

問い続けたヨセフ

自分の過去の出来事に「なぜだ」という問いを持ち続けた人に、創世記のヨセフという人物がいます。彼はイスラエル人でありながら、三十歳になる頃には、エジプトのファラオに次ぐ権力を持つ宰相として抜擢《ばってき》されました。

しかし彼は、十七歳のときの悪夢のような過去を、忘れることはできませんでした。

ヨセフには腹違いの兄が十人いましたが、その中でも、自分が父に溺愛されていることを知っていました。特別なプレゼントをもらうのは彼だけであり、特別な夢をしばしば見ました。

その夢の中では、兄弟たちも両親もヨセフの前でひれ伏す未来が語られていました。ヨセフが無邪気にそれを兄たちに吹聴した結果、彼らの中にはいら立ちと憎しみが育っていったのです。

ある日、ヨセフがひとりで兄たちの仕事を見に行った先で、彼に殺意を抱いていた兄たちに、服をはぎ取られ、深い穴に投げ込まれ、行きずりの商人に奴隷として売り渡されてしまいます。

ののしる兄たちの憎悪の目、穴の中での絶望感、知らないことばを話す商人に引きずられて歩く恐怖――。

ヨセフにとって、このときの兄たちの殺気立った恐ろしい形相は一生忘れられないものになっていたはずです。

その後、エジプトで働く中で、雇い主に気に入られながらも、無実の罪で数年間監獄に入れられます。ついにファラオに謁見《えっけん》できるチャンスを得たのは、ヨセフが若い時から持っていた、夢を通して神のお告げを理解できる力のおかげでした。

振り返ってみれば、ヨセフの人生は、悲惨な出来事に囲まれながらも、行った先々で成功をおさめ続け、監獄の中でさえも囚人の管理役に選ばれて、人々の信頼に押し上げられる人生でした。

彼は、ファラオの見た夢に現れた神のお告げを解説したことによって、エジプトを襲うであろう大飢饉《だいききん》の七年間のために、穀物を備蓄する任務を与えられます。

ファラオは完全にヨセフを信頼し、王の絶大な権力をそのまま彼に預けたのでした。

かつて兄たちに捨てられて、故郷をはるか離れることがなければ、ヨセフがこのような権力を持つこともなかったわけです。

王宮において新しい家族も与えられ、壮大なスケールの仕事を成し遂げる充実感があるのも、あそこで人生が変えられたおかげだと言えなくもありません。

しかし、なぜなのだ、と問わずにはいられなかったはずです。あの出来事は何だったのでしょうか。愛する父にも、同じ母を持つ弟にも二度と会うことなく、生きているかどうかすらも確かめることができないようになったのは、いったいどうしてなのでしょう。

「なぜ」の答え

ヨセフが四十歳になろうとする頃、その答えが近づいてくるのです。

なんと彼を売り渡した兄たち十人が、エジプトのヨセフのもとに、そうとは知らずに食糧を求めにやって来ます。

宰相としての自分にひれ伏す兄たちを見ながら、ヨセフは若いころに見た夢が実現していることに思い至ります。

「神はすでにこの時のことを知っていて、かつての私に教えてくださっていたということなのか。」

ヨセフは、兄たちをスパイとして監禁し、三日後には、次回来るときには弟を連れて来るように、と命じて食糧を持たせた上で釈放します。

この三日間、彼は考え続けたことでしょう。

「彼らをゆるす？　まさか！　このまま牢獄に閉じ込めておく？　いや、そうしたら食糧を待っている父や弟はどうなる。せめて弟に会うチャンスを作れないだろうか。」

ヨセフは、兄の一人を人質として留め置きます。そして、そのときに彼は、兄たちが「これは私たちがヨセフを憐《あわ》れまなかったことの罰だ」と話しているのを耳にし、隠れて泣くのです。

「兄たちは私にしたことをはっきり覚えているのだ。そして、彼らがお互いに責め合っている姿を、私は二十年以上を経て、いま見ているのだ。捨てられた私が、別の人間として彼らの前に立ち、彼らに食糧を与えて、皮肉なかたちで一族を養っている。いったい、何なのだろう、この状況は。」

次に兄たちがエジプトを再訪したときには、ヨセフの弟のベニヤミンを約束どおり連れて来ます。

ヨセフは策略をめぐらして、ベニヤミンだけを手元に残し、兄たちを去らせようとするのですが、兄たちは全員でベニヤミンをかばい、老いた父ヤコブのためにユダは必死で身代わりを申し出ます。

彼はそのことばを聞きながら、父ヤコブがヨセフが死んだと思って嘆きながら過ごしてきたこと、そして、その父の姿に兄たちもまた苦しみ後悔してきたことを悟ったのでしょう。

彼は気持ちがたかぶる中で、自分がヨセフであることを兄弟たちの前で告白します。

「私は、あなたがたがエジプトに売った弟のヨセフです。」

ただただゆるせなかった兄たちに、ヨセフはこの時に別の思いを持ち始めたのではないかと思うのです。

自分が苦しんでいた長い間、兄たちもまた、それぞれの罪に苦しんでいたのだ、と。そして父も兄たちも、深い嘆きと共に自分のことを忘れることがなかったのだと思ったときに、ヨセフは憎しみを越えた家族のつながりを思い起こしたのかもしれません。

そして彼は、この兄たちも含めた父の一族を自分が養うことができる現状は、自分たちを生かそうとする神の大きな意志なのだ、という結論に至るのです。

「実際に悪を図って、自分をエジプトに追いやったのは兄たちだった。しかしそれは、神が私をエジプトに遣わして、彼らを飢餓から救うためだったのだ。」

その後、ヨセフは兄弟たちと泣きながら和解をし、父ヤコブと共に一族全員をエジプトで養い始めます。そして若い時の夢のとおりに、兄弟たちはヨセフに仕えるようになるのです。

ヨセフの人生から見えるもの

ヨセフの生涯を通して、覚えておいてもらいたいことが三つあります。

一つは、自分の人生の意味を見いだすために、神は折々にヒントを与えてくださるだろう、ということです。

生きていく中で、人々と出会ったり再会したり、傷ついたりゆるしたりする中で、少しずつ自分が通らされてきた人生の意味が形作られていくことでしょう。

ですから、焦って答えを出さずに、いまの出来事をしっかり体験していってもらいたいと思います。

二つ目は、意味を見つけるのはあなた自身だ、ということです。立ち止まって気づかなければ、人生はただ慌ただしいだけで過ぎていきます。

そういう意味では、あなたを立ち止まらせてくれるもの、すなわち悩んだり、病んだり、自分の道を邪魔されたりするかのような時が与えられることは、大切なことに気づくために与えられた機会なのです。

最後に、過去の出来事がつらいものであったとしても、神の愛によって、次第にその出来事の意味が変わっていくという未来があります。

ひとりひとりに対する神のご計画は、すべて神の愛を伝えるものです。人生の意味を知っていくことは、キリストを信じる者にとって、神の愛を知っていくことです。

どのような過去も、神によって美しい調和と感謝をもたらすものになっていきます。そのためには、いまを誠実に生きて、神への問いを止めないでもらいたいと思うのです。

秋

受け取る喜び、ささげる決意

I

恵みを毎日受け取る

あなたがたは夕暮れには肉を食べ、朝にはパンで満ち足りる。こうしてあなたがたは、わたしがあなたがたの神、主であることを知る。

出エジプト記16章12節

以前、私は何度かモンゴルに行ったことがあります。遊牧民族としてのモンゴル人と、農耕民族としての日本人には、価値観や生活習慣の大きな違いがあることを学びました。

印象的だったのは、モンゴル人は、自分の一番のお気に入りの服、全財産を常に持ち歩いているということでした。日本では、大切なものほど家の中に置いておきますが、彼らは全部携帯していて、困っている人に出会うと、そのときの全財産を上げてしまうそうです。

そして、次に出会った人から、全部もらうそうです。砂漠に生きる遊牧民にとって、そうやってお互いを助けることが当然だそうで、手元に貯蓄することには何の美徳もないという話を聞きました。

出エジプト

イスラエル人にも、遊牧民として生活していた四十年間がありました。ヨセフの時代から四百年以上を経て、エジプトの中で人数を増し加えた彼らは、やがて労役で苦しめられるようになり、モーセという指導者によってエジプトを脱出します。

壮年男性だけで六十万人いたというのですから、老若男女を含めて二百万人近くだったのではないでしょうか。

神に導かれたモーセによって、さまざまな天災がエジプトを襲い、最後にはエジプト中の家族の中で最初に生まれた子どもが、一晩のうちに皆死んでしまうという悲劇が起こります。

イスラエル人の子どもたちだけは死なずに助かりますが、そのときに神は、「過越《すぎこし》」という儀式をイスラエル人たちに教えます。

羊をいけにえとして神にささげ、その血を、家の入り口の鴨居《かもい》と柱に塗りつけることで、エジプトに対する神の裁きがその家の前を通り過ぎてくれる、という意味を持っていました。

これがその後、千五百年も引き継がれる「過越の祭り」となり、羊のいけにえは、イエス・キリストの十字架の死と重なるものとされていきます。

実際に、イエスが処刑されたのは過越の祭りの最中であり、過越のいけにえの羊も、十字架のキリストも、信じる者たちを救うための死であることにおいて、同じだったのです。

奇跡の日々

出エジプト記の脱出の記事は、エジプトという超大国に対する、イスラエルという奴隷集団の反撃でした。

同時に、太陽や牛を拝むエジプトの多神教信仰に対して、イスラエル人が信じる神が「本当の神はだれなのか」と、自分の存在を奇跡によって証明した出来事だったと言えるでしょう。

荒野に脱出したイスラエル人を先導したのは、不思議な自然現象でした。昼は雲が柱のように立ち上り、夜は毎晩、その柱が火柱に変わり、彼らの道案内をし続けたというのです。

そんな出来事を毎日身近に見られたのなら、神を信じて疑うはずがないだろう、と私たちは思いますが、イスラエル人はその現象にすぐに慣れてしまいます。当たり前のように奇跡に囲まれながら、エジプトから逃れた喜びは、いつのまにか不満に変わっていきます。

「食べ物がないじゃないか。」

「パンも肉もここにはない。こんなことならエジプトにいたほうがよかった。あそこには食べ物はあったのに。こんな荒野で飢えて死ぬくらいなら、エジプトで食べ物に囲まれて殺されたほうがましだった。」

人々の不満はモーセにぶつけられますが、神は怒ることをせずに、彼らの訴えに応えます。

荒野での生活をはじめたばかりの彼らに「わたしがどのような神なのか、ここにあなたがたの神がいるということを悟らせよう」と告げます。

その日の夕方にはうずらの大群が宿泊地を覆い、彼らは肉を食べることができました。

また朝になると、辺り一面に細かい霜のような、甘い薄焼きパンのようなものが現れて、煮たり焼いたりすることもできる食べものであることがわかりました。人々から「マナ」と呼ばれたそのパンは、以来、安息日以外の六日間毎朝必ず地面に現れ続けました。ただし保存は効かず、安息日前日に二日分を集めるとき以外に、翌日まで取っておこうとすると、虫がわいてしまうのでした。

エジプトの国内で彼らが経験した奇跡以上に、このマナが毎日確実に現れ続け、雲の柱、火の柱が消えることのなかった四十年間の日常は、驚くべき奇跡の日々でした。

私たちに与えられた神の恵み

神は、自分が救い出した者たちを、養い続け、訓練しようとする方です。

しかしここで、私たちの姿勢も問われています。二つ挙げましょう。

一つは、神に与えられた恵みは、受け取らなければ私たちのものにはならない、ということです。

マナは、イスラエル人すべてに与えられました。モーセを批判し、神を非難した人々にも、神の恵みは繰り返し与えられます。

現代も、信じる人にも信じない人にも、恵みは等しく差し出されています。

しかし、受け取る人にしか、それがそこにあるということに気づくことはできないのです。

イエスは自分を「わたしは天から下って来た生けるパンです」（ヨハネの福音書6章51節）と表現したことがあります。

マナは、イスラエル人のその時の空腹を満たしましたが、イエスという生けるパンは私たちにいのちを与えます。イエスは神の恵みそのものです。

この救い主は、すべての人に等しく差し出されていますが、受け取る人にしか、この方が神であることはわからないのです。

二つ目に、今日の神の恵みは、今日全部食べてしまうべきなのです。日本文化の中で生きる私たちは、いざという時のために全部を使い切ってしまわないでおこう、と考えてしまいがちですが、神の与えてくださるものは、ストックしておく必要はありません。

神は、明日も必ず明日の恵みを与えてくださる方です。意地悪をすることもなく、気分のむらもなく、変わらない愛で恵みを十分に注いでくださるのが聖書の神です。

明日のことを思い煩わずに、今日の分の恵みを十分に受け取り、味わいましょう。

手元に今日何もなくなっても大丈夫なのです。

今日の力を全部使って、疲れ果ててしまってもかまいません。明日には、明日の力が与えられるはずなのです。

明日の恵みを信じることができると、今日持っているものを惜しみなく、出会った隣人に全部分け与える勇気が出てくるのではないでしょうか。

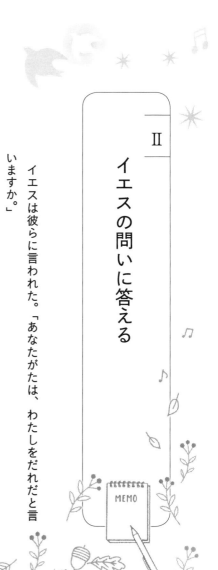

Ⅱ

イエスの問いに答える

イエスは彼らに言われた。「あなたがたは、わたしをだれだと言いますか。」
シモン・ペテロが答えた。「あなたは生ける神の子キリストです。」

マタイの福音書16章16節

私が大学生のときに、三泊四日の宿泊行事の準備委員をしたことがありました。

顧問役としていつも指導してくれた女性が、合宿中の準備委員会で

「いま、参加者の様子はどのような状況だと思いますか？」と、私に聞きました。

彼女は、次のセッションの講演者であったので、その内容をどのようにするべきなのか、私にアドバイスを求めたのです。

私の意見次第で、この合宿の方向が変わるかもしれない。そんな新鮮な緊張感を持った時でした。

私たちは、自分の意見や思いを、他人の意見や思いと影響させ合いながら生きていく存在です。それぞれが持っている問題意識を、いろいろな角度から分かち合うことで、お互いの存在を確かめ、共に生きる道を探り出していきます。

ひとりの人間として立つ

そのためには、自分がどのような思いを持っているのかを、まず自分

恐縮ですが
切手を
おはり
ください

郵便はがき

〒164-0001
東京都中野区
中野 2-1-5

いのちのことば社
フォレストブックス 行

お名前

ご住所 〒

Tel.

男　女

年齢

ご職業

WEBからのご感想投稿はこちらから
https://www.wlpm.or.jp/pub/rd
新刊・イベント情報を受け取れる、
メールマガジンもございます。

愛読者カード

書名

お買い上げの書店名

本書についてのご意見、ご感想、
ご購入の動機

ご意見は小社ホームページ・各種広告媒体で
匿名にて掲載させていただく場合があります。

本書を何でお知りになりましたか？

1. □ 広告で(　　　　)
2. □ 書店で見て
3. □ ホームページで(サイト名　　　　)
4. □ SNSで(　　　　)
5. □ ちらし、パンフレットで
6. □ 友人、知人からきいて
7. □ 書評で(　　　　)
8. □ プレゼントされて
9. □ その他(　　　　)

今後、どのような本を読みたいと思いますか。

ありがとうございました。

ご記入いただきました情報は、貴重なご意見として、主に今後の出版計画の参考にさせていただきます。その他「いのちのことば社個人情報保護方針 https://www.wlpm.or.jp/about/privacy_p/」に基づく範囲内で、各案内の発送、匿名での広告掲載などに利用させていただくことがあります。

が知って、ことばにしなければいけません。

悩むことを面倒くさがって思考を放棄するのではなく、周りに流されてだれかに支配されるのでもなく、ひとりの人間としてそこに立つべきです。

なぜなら、神は人間をそのような存在として造ったからです。

神自身が、唯一の神として他に侵害されずに、いつもそこにいる存在であり、人間はそのような神に似せて造られた特別な存在なのです。

聖書とは、人間たちが人間らしい存在に立ち返るように本来のあり方を思い出させ、回復させようとしていることばに満ちあふれた書物です。

あるときイエスは、自分の教えや奇跡についての噂が各地で広まっていることを知った上で、身近な弟子たちに自分の評判について尋ねます。

人々が自分を何者だと考えているかどうかについてでした。

イエスの不思議な業《わざ》を見た人々は、彼を過去の預言者の再来だと思っていたようですが、どの預言者なのかということについては、意見が分かれていました。

少し前にヘロデ王に殺されたバプテスマのヨハネだとか、八百年以上前の大預言者エリヤだとか、それ以外の名前も、いろいろ挙げられました。

イエスは弟子たちに向き直って尋ねます。

「あなたがたはどうなのか。わたしをだれだと思っている？」

この箇所を通して、私たちに対してもイエスは語りかけています。いくつか確認しましょう。

はじめに、イエスは人の意見ではなく、あなたの意見を問う、ということです。

「他の人の意見はわかった。彼らの常識や分析では、そういう意見になるのだろう。それで、あなたはどうなのだ。わたしのことばをそばで聞き続けてきたあなたは、わたしをだれだと思ってついてきているのか。」

イエスには、聖書に名が記されていない弟子たちが、男性も女性も大勢いました。しかしその中で、彼は十二人を特別に選び、ごく身近に置き、弟子たちの質問に答え、群衆には話さないような内容を率直に教えていました。

十二弟子は、それをすべて理解できませんでしたが、イエスは「その時が来たら、あなたがたにも理解ができる」と励ましながら、神について、神の国について語り続けていたのでした。

そのときに弟子たちが聞いていたイエスのことばを、聖書の福音書の中に見ることができます。

聖書を開いている私たちに、いまイエスは、弟子たちに尋ねた同じ問いを語りかけているのではないでしょうか。

「あなたにとって、わたしはだれですか。」

イエスは他の箇所でも、そばにやって来る人々に問いを投げかけます。

盲目の人が、見えるようになりたくてイエスのもとに来たときに、「わたしに何をしてほしいのか」と問いました。

何十年もの間、病に伏せっていた人には、訊《き》かなくてもわかるはずだろうに、「よくなりたいか」と尋ねました。

イエスは、私たちの先回りをする方ではありません。「あなたに必要なものはこれでしょ？」と、押し付けることなく、私たちにきちんと向き合ったうえで、私たちの願いをまず聞き出そうとするのです。

聖書全体において、神のことばは、真理を断言するものでありながらも、私たちに強制することはありません。

拒絶することも、応答することも、私たちは選べるのです。

イエスの問いを受けて、ペテロはまっすぐに答えます。

「あなたは生ける神の子キリストです。」

この時点で、ここまではっきりとイエスが神の子であるという意見を言ったのは、ペテロが初めてでした。

「キリスト」とは、称号であり救い主を指すことばです。

旧約聖書において、救い主の到来はたえず預言されており、その待ち望まれたキリストがついにやって来たのがあなただ、とペテロは言ってのけたのです。

そして、イエスはそれを否定せず、ペテロに「あなたがそれを悟れたのは、天の神によることなのだ」と答えるのです。

自分の心に向き合う

第二に、イエスは、私たちの心の発見を、神が与えたものとして位置づけます。

ペテロには、イエスについて理解できた自分を誇らしく思って、「私が」先に悟れたのだと、弟子たちの中で一歩リードした自負があったかもしれません。

私たちの中には、たまたま信じる気になって信仰を持ち始めたと思っている人もいるでしょう。しかし、神を知る発見は、深い洞察や偶然のひらめきによるというよりも、その背後に、はじめから神の働きがあったというのが、イエスの解説なのです。

イエスが何者かという究極の問いについてだけではなく、私たちの進路選択や人生の問いについても、神は私たちを導いてくださっています。

自分の考えがはっきりことばになる前から、神が私たちの心を育てて、その思いが現れる土壌を耕してくださっているのです。

私たちが自分の心に向き合い、過去の出来事を振り返る時を持つということは、自分の人生の中の神の足跡を見いだす作業です。神の見えない働きかけを受けながら、私たちは自分の中の独自性を見いだしていくのです。

「イエスは何者か」という問いは、そのような人生の導き手に向き合わせようとするものなのです。

生涯に与えられた仕事

第三に、イエスは信じる者を神の仕事に参加させます。

自分を「キリスト」と呼んだペテロに、イエスはペテロの未来を語ります。

「あなたのこの信仰の上に、多くの人々が立ち、教会という共同体となっていく。それは地上の組織を超え、死を超える力を持つ。あなたの持っている鍵は、人々のたましいを救うものだ。」

このときペテロは、イエスのことばの正確な意味はわからなくても、自分の生涯に重大な使命が委ねられている瞬間であることを理解したことでしょう。

「使命」は英語で“calling”と言います。神が呼び出してくださることが、いのちを使う仕事への目覚めとなるのです。

私たちがキリスト信仰を持つとき、いつ死んでも天国に行けるという希望が与えられますが、生きているいま、すでにはじまっている恵みがあります。

神と共に歩み、自分の持っている力を最適最善に生かされ、本当の自分になっていくという喜びです。

そのような新しい人生は、イエスとは私にとってだれか、という問いへの答えからはじまるのです。

III

ゆるされたようにゆるす

互いに忍耐し合い、だれかがほかの人に不満を抱いたとしても、互いに赦し合いなさい。主があなたがたを赦してくださったように、あなたがたもそうしなさい。

コロサイ人への手紙3章13節

気持ちがふさぎ込んだり、学校に行くのがいやになったり、何かイライラしたりするのは、何が原因だったのでしょうか。

多くの場合、だれかとの関係に原因があるのではないかと思います。

だれかの一言、だれかのうわさ、だれかから受けた仕打ち。

それを思い返すと、そして、それがこれからどのような影響や結果をもたらすかを考えると、気持ちが暗くなったり、怒りがわいてきたりします。

そのような気持ちを、私たちはどのようなかたちで解決しようとしてきたでしょうか。

人のせいにしたり、自分のせいにしたり、とにかく気持ちを紛らわせたり、それぞれのいつものやり方があることでしょう。

そんな私たちに、聖書は気持ちも関係性もこじれていく繰り返しとは違う方法を提言しています。

その方法が、ゆるすということです。

聖書で勧められているゆるしとは、悪を放置することではありません。

聖書は、現代の私たちが思う以上に、悪を悪として断罪し、為《な》された悪には報いがあることを告げています。

また、悪い行いがあったとしても、大したことではないとして過小評価することで水に流すという姿勢をとりません。

ゆるしとは、為《な》されたことが明らかに悪であるにもかかわらず、その仕返しをしないこと、恨みを捨てることです。人をゆるすことが、私たちにどのような意味を持つのかを考えましょう。

自分のためにゆるす

第一に、人のした悪に対して復讐しないとは、相手のためというよりもむしろ自分のためです。

人への恨みを隠しているときの私たちの表情やことばは、確実に醜くなります。

恨んでいるのは、昔のだれかひとりであるかもしれませんが、私たちはその人に似た人や同じような立場の人に対しても、警戒心や猜疑心《さいぎしん》を抱くようにならないでしょうか。

その人が行くかもしれないところ、その人が持っているかもしれないもの、その人を思い出させるものがあれば、まとめて距離を置きたくなるのではないでしょうか。

「あの人が志望するかもしれない学校には行きたくない。」そんな思いが、私たちの選択肢を少なくし、行動範囲を狭くし、未来の可能性を小さくします。

他人に対しての恨みをそのままにしておくと、その人が目の前にいなくなってからも、私たちの人生がその恨みによってゆがめられてしまう現実があるのではないでしょうか。

ゆるすということは、自分の心が自由に物事を選択するために必要な条件なのです。何者かに対する苦々しさや、不満に気持ちが引きずられることがなければ、データの分析も人物評価もえこひいきなく行えると思いませんか。

本当の友情を育てるためにゆるす

第二に、人をゆるすことは、本当の友情を育てます。

だれかの陰口を言うときには、人は一体感をもって結束します。新しい環境で仲間が欲しいと思ったら、だれかの悪口を小さな声で言い始めればよいのです。

人の陰口は甘く、人の興味を引き付けて、そのことを話題にしているかぎりは、自分の身は安全だと感じさせるものです。

しかし、だれもがやがて経験することですが、人への攻撃を求心力にしている友情はもろいものです。というよりも、それは友情とは呼べないものです。

つねにいつ自分が裏切られるかという恐れを伴うもので、自分がいないときの仲間の会話を信頼することができません。

そのような人々の中で、自分の弱みや悩みを打ち明けることなどできるはずがありません。本当の自分でいても大丈夫、と思える人々に周りにいてもらうためには、あなたが人を攻撃することをやめることが必要なのです。

ゆるすということは、私たちの人生を広く明るいものとするために不可欠なことであるにもかかわらず、もっとも難しいことです。

そもそも私たちは、「ゆるしたい」という思いを持つことができません。もし私たちが人をゆるそうとし、実際にゆるせるとすれば、その思いと行為はいつもの私たちの内側から出てくるものではありません。それは、救い主だけが命じ、実行させることができることなのです。

ゆるされる存在として

「主があなたがたを赦してくださったように」ということばに、聖書が持つ人間に対する動機づけのすべてがかかっていると言ってよいでしょう。

もし私たちが他人をゆるそうとするのならば、イエス・キリストを通して、神が何を私たちのためにしたのかを心に刻む必要があります。

人間は皆、神の存在そのものを心の中で抹殺し、軽蔑し、否定する心で生きています。宗教心があついという人すらも、神を信じているというよりも、自分が良いと思う信条や思想に献身しているだけの場合もあります。

そのような私たちを、聖書は「罪人」と呼びますが、私たちは聖書に何を言われても謝る必要をさほど感じないのが現実です。

自分の行為やことばがどれほど相手を傷つけているのか、指摘されてもまったく反省しない、言われていることを理解できずに笑っている犯罪者に、私たちは憤りを感じます。そんな人には自分のしたことを思い知らせるために、厳しい処罰を与えるべきだと、場合によってはいのちを代償にするべきだと、私たちは思います。

しかし、そのような犯罪者の姿こそが、私たち人間の、神の前で問われている姿なのだと聖書は語ります。

もし神が罪人を公平に扱い、正義を行おうとするのならば、すべての人類を一瞬のうちに滅ぼすことが最もフェアな判決なのです。

しかし神は、罪人たちを生かすために、自分の子に責任を取らせる道を選びました。

神の子であるイエスが、十字架で死ぬ苦しみを受けたのは、神自身が死という刑罰を引き受けたということです。

神は人間に何の交換条件も求めませんでした。イエスが十字架にかかったときに、それが自分たちのための犠牲だと思ったものはだれ一人いませんでした。

イエスが罪人を救うために来られたのは、人の思いつきではなく、神が計画し実行した、人間に対する無償の愛の行為だったのです。

神が愛であることは、このイエスの姿によって証明されています。そしてこのイエスのゆるし方にならうことは、イエスを信じた者にとって深い動機づけになるのです。

神は私たちを広いところに連れ出そうとしています。入り口は、イエスを信じるという狭い門ですが、そこをくぐり、他者をゆるすといういままでの自分にはありえない取り組みに向き合うときに、私たちの人生に明るい光が差し込みます。

だれがそこにいたとしても、どのような過去があったとしても、たとえ未来が見えなくても、人の悪意にも自分の悪意にも支配されることなく、自分の道を歩むことができます。

そしてそのとき、隣にいる人がだれであっても、共に生きようとする心を持つ自分になれるのです。

Ⅳ

神に再び出会う

主は言われた。「あなたは、自分で労さず、育てもせず、一夜で生えて一夜で滅びたこの唐胡麻《とうごま》を惜しんでいる。ましてわたしは、この大きな都ニネベを惜しまないでいられるだろうか。そこには、右も左も分からない十二万人以上の人間と、数多くの家畜がいるではないか。」

ヨナ書4章10～11節

「死んだほうがましだ」と思ったこと、言ったことがありますか。

そのとき、あなたはどれぐらい本気だったでしょうか。

死に値することを自分のどのような体験と重ねて語るのかは、その人のその時の状況によって変わります。

旧約聖書の「ヨナ書」という短い書物の中では、預言者であるヨナが何度も「死んだほうがいい」という態度を取っています。

そして、その恐れや不満を神にぶつける中で、ヨナは自分の仕えている神がどのような方なのかを、あらためて知らされていくのです。

逆らうヨナ

ヨナの時代にイスラエル民族の王国は、アッシリア帝国によって衰退の一途をたどっていました。

そんなときに神は、アッシリア帝国の首都ニネベに行くようにヨナに命じます。ニネベの町の悪に対して、神からの警告を伝えさせようとします。

ヨナにとって、敵にわざわざ神の刑罰の予告をする必要があるとは思えませんでした。ニネベはすぐにでも滅びてくれたほうがよいのです。

ヨナは神に逆らって、ニネベとはまったく逆の方角に行く船に乗り込みます。

すると、暴風によって船は難破しそうになり、ヨナは「自分のせいで神が嵐を起こしているのだから、私を海に投げ込めばよいのですよ」と言い放ちます。

船乗りたちは戸惑いながらも、結果としてヨナを海に投げ込みます。

すると嵐が静まり、一同は神に対する恐れに満たされるのでした。

海に沈んだヨナは巨大な魚に飲み込まれて、三日間生きながらえます。

「死んでもいい」と思ったものの、死にかける苦しさの中で魚の中から「もう一度あなたに仕えさせてください。救ってください」と神に助けを求めます。

神は魚にヨナを吐き出させ、陸地に生還させます。ヨナは預言者として、死やいのちについて、神のことばを人々に伝えていたはずなのですが、ここでまさに、自分自身のこととして死からの救いを体験したといえるでしょう。

神は再びヨナにニネベに行くように命じ、彼も今回は素直に応じます。

敵を憎むヨナ

しかし、ヨナが「あと四十日でニネベは滅ぼされる」と町中で触れ回ると、ニネベの人々が回心してしまうのです。それも町の庶民だけでなく、王や官僚までもが真剣に行いを改めて、神に憐《あわ》れみを求め出します。

神はそれを見て、ニネベを滅ぼすことをやめてしまうのです。

ヨナは、神がニネベを滅ぼさないことに怒ります。

「だから私はニネベに警告したくなかったのです。どうせあなたは憐《あわ》れんでしまうのを知っていましたから。私はもう死んだほうがましです。」

ヨナはニネベが滅びることを願っていました。

彼らが滅びなければ、イスラエルが滅ぼされることでしょう。

ニネベが救われるのを見るくらいなら、死んだほうがいいのです。

ヨナの心は、神がイスラエルの敵を憐れむことに対して納得できませんでした。そんなヨナに、神は問いかけます。

「あなたは当然のように怒るのか。」

ヨナは神の問いには答えず、町の外に仮小屋を造って町を見張りだします。

「まさかこのまま終わらせるわけではないでしょうね」と神に訴えるかのようなヨナに、神は一本の唐胡麻の木を生えさせて、ヨナの上に木陰を作ってあげるのです。

神と対話するヨナ

唐胡麻の陰に喜んだヨナでしたが、翌朝、神が備えた虫一匹によって唐胡麻はあっけなく枯れてしまいます。

神はさらに焼けつくような東風を送り込み、ヨナを消耗させます。

疲弊したヨナはもう一度同じセリフを言うのです。

「死んだほうがましだ。」

ここで、神はヨナと対話をはじめます。

「唐胡麻がなくなったからといって、あなたはそんなに怒っているのか。その怒りは当然だというのか。」

「当たり前でしょう。唐胡麻がなくなったおかげで、私はこんなによろよろなんですよ。」

「あなたが惜しんで嘆いているのは、唐胡麻一本のことなのか。あなたが植えたのでも、育てたのでもない、ほんの一日あっただけの植物なのに。

そのあなたの嘆きが当然だというのなら、私がこのニネベが滅びることを望まないことこそ、当然だと言えないか。ここには、十二万人以上の人間と多くの家畜がいるのだぞ。」

ヨナ書はここで終わっています。

このあと、ヨナがどのように応答したのかは書かれていません。しかし、この終わり方をヨナ自身が選んだのだとすれば、この最後の神のことばは、彼の残りの人生にとって決定的な転換点を与えたものだったのではないでしょうか。

ヨナは神から何を教えられたのでしょう。

神の心

第一に、ヨナは神の命令以上に〝神の心〟を学び始めたと言えるでしょう。

聖書には、神の命令に人間は従うべきだと何度も書かれています。そして罪とは、神のことばに逆らうことなのだと定義されています。しかし、神は人間にただ盲従してもらいたいわけではないのです。表面的に、形式的に言われたことを守るのではなく、その命令を与えている真意を知ってほしい、というのが神の願いなのではないでしょうか。

ヨナがそれに気づくためには、自分にとって感情的に受け入れられない命令をめぐっての混乱や葛藤、そして怒りを通ることが必要だったということなのでしょう。

ヨナ書の一連の出来事を通して、おそらくヨナはそれまで以上に神を深く知るようになったに違いありません。

神が世界を見る眼差し

第二に、ヨナは神が世界をどのように見ているのかを知り始めたことでしょう。

イスラエル民族は、神に選ばれた特別な存在だと聖書は伝えています。しかし、神が自分の造ったものとして愛しているのは、世界のすべての存在なのです。どの国の人々も、動物も、神にとってあってもなくてもよいと思える存在を、もともと神は造っていないのです。

人間たちが神に逆らい、互いにおとしめ合い殺し合う姿を、いままで神がどのような思いで見ているのか、どれほど悲しんできたのか、神の憐れみと嘆きが、イスラエル民族に関してだけではなかったことを、ヨナは悟り始めたのです。

人生に備えられている体験

第三に、ヨナは、神が自分自身を教えるために、さまざまな体験を人生に備えてくださることを知ったことでしょう。

はじめは、自分が憎む者たちを生かそうとする神に対して不満と憤りを感じたヨナでしたが、自分の小さな世界から小さなものが失われることの苦痛や嘆きの体験が、世界の創造主がどのような痛みを感じているのかを考え始めるきっかけになりました。

また、自暴自棄になって死のうとした自分が、憐れみを求めた時に神によって救われたという体験は、ニネベの人々が必死に神に嘆願して赦されたことと重なったはずです。

神に造られた人間は、国や文化が違っても、神の前では同じように憐れみを求めるしかない存在なのだということを、彼は自分の体と心の体験を重ねることを通して理解できるようになっていったのです。

神の心を教えるために、ヨナに対して命令を与え、葛藤を与え、嵐や魚や唐胡麻や虫や東風を備えたように、神は私たちに対しても、周到にきめ細かい小道具や出来事を与えてくださるのではないでしょうか。そして、神はひとつひとつの体験を通して、私たちと対話をしようとしているのではないかと思うのです。

その時には納得できない、むしろ怒りや不満があったとしても、神のことばである聖書と向き合いながら歩み続ける中で、私たちは神の憐れみと悲しみの深さを知り、「神は愛である」ということばの重さにあらためて出会い直していくのではないでしょうか。

冬

広がる出会い

I

この時を選択する

もし、あなたがこのようなときに沈黙を守るなら、別のところから助けと救いがユダヤ人のために起こるだろう。しかし、あなたも、あなたの父の家も滅びるだろう。あなたがこの王国に来たのは、もしかすると、このような時のためかもしれない。

エステル記4章14節

キリスト信仰を持つことは、自分の人生を特別な、意味のあるものとして生きることです。

ペルシア帝国が、インドからエチオピアまでの広範囲を支配していたとき、クセルクセス王が新しい王妃を迎えます。

その人の名は、エステル。

彼女はユダヤ人でしたが、養父であるいとこのモルデカイからの助言を受けて、自分の身元を隠したまま過ごしていました。彼らはかつてエルサレムから捕虜として連れて来られたユダヤ民族の子孫であり、唯一の生ける神を信じる民としてのアイデンティティを持ち続けていました。

エステルが多くの女性の中から王妃として選ばれたのは、美しさに加えて、人の助言を受け入れる素直さと聡明さを持っていたからだと言えるようです。

異国から来た者でありながら、大帝国で絶大な権力を持つ王に愛される者となった幸運は、それだけでもサクセスストーリーとなることでしょう。しかし、物語はここからはじまります。

モルデカイは、王の暗殺計画を阻止する活躍をする一方で、帝国のナンバー2であるアガグ人ハマンに頭を下げることをしませんでした。

それを知ったハマンは怒りのあまり、モルデカイだけではなくユダヤ人全体を滅ぼす決意をし、民族の名は伏せたままで王の名でユダヤ人撲滅の法令を発布することに成功します。

帝国全域でユダヤ人殺戮《さつりく》を決行するのは、十一か月後。

そのニュースが伝えられたとき、モルデカイは王都の門前で泣き叫びます。国中のユダヤ人も同様でした。

エステルは王宮の中でそのことを知り、使者を通じてモルデカイから事情を聴きます。王に直訴してくれというモルデカイの願いに対して、躊躇《ちゅうちょ》するエステル。王から呼び出されないまま王の庭に入る者には極刑が定まっていました。王が金の笏《しゃく》を指し伸ばしてくれるという特別な好意が与えられた者のみが生き延びることができるのです。

王の寵愛《ちょうあい》を受けている王妃であるといっても、直訴に出向くのはいのちがけです。おまけにこのとき、彼女は三十日間も王から呼び出されていない状態でした。

モルデカイはそんなエステルに伝えます。

「王宮にいるから自分だけは助かるなどと思ってはだめだ。あなたが知らないふりをするならば、神は他からの助けを私たちに与えるだろう。しかし、何もしなかったあなたは滅びる。ここにあなたが連れて来られたのは、いまのこの時のためかもしれないんだぞ。」

それを聞いてエステルは決意します。

「法令に背いても、王に会いに行きます。死ななければならないのでしたら死にます。」

そして、この彼女の決意と知恵が、不思議なタイミングと重なって、ユダヤ人の殺戮計画を食い止め、むしろユダヤ人が帝国の保護を受けて繁栄する道を開いていきます。

私たちも、自分で決断しなければならないことに向き合うことがあります。そして、未来に何の保証もないまま、選ばなければならない時があります。

エステルが、この時に決断できた勇気の理由から、私たちに当てはめられることを考えてみましょう。

自らの存在を問い直す

第一に、エステルは自分が何者かを知っていました。

彼女はペルシア帝国で生まれ育ち、この国の文化とことばに慣れ親しんでいた一方で、自分がこの国では他国人であり、ユダヤ人であることを忘れることはできませんでした。

そしてこの出来事は、彼女が何者であるのかを問い直すものでもありました。

もし、ここで黙ってやり過ごしたとしても、自分が自分であるかぎり、無関係でいられることではない。自分の民を捨てて、自分だけが生きることを望むことなどできない。そんな思いを持ったのではないかと思うのです。

私たちも、自分が何者であるのか、自分は何に属しているのか、自分は何につながっているのか等のアイデンティティを確かめることを、大きな決断の時に必要とするのではないでしょうか。

自分に向き合い、自分を知り、自分の心の軸を定めている人は、いざという時の決断を、自分の決断として選ぶことができるのです。

置かれた場所の意味を問う

第二に、エステルは自分がそこにいる意味を求めていた人でした。王妃としての贅沢な何不自由ない生活の中で、彼女は、なぜ私はこんなところにいるのか、何かが違うのではないかという違和感をどこかに持ち続けていたのではないかと思います。

彼女がモルデカイに「あなたがここに来たのは、このときのためかもしれない」と言われたとき、「ああ、そうだったのか」と、そこに使命を見いだしたのではないでしょうか。

自分の存在が、いまの立場が、これまでに作り上げてきた関係性が、ここで神に用いられようとしている。このときのために、いままでの私があったのだ。いまの私だからできること、私にしかできないことに応答するようにと、私をここに遣わした神がいま求めておられるのだ。そういう思いがエステルを押し出したのです。

私たちひとりひとりにも、神からの特別な使命があります。エステルのようにいのちがけのものではなくても、小さくいのちを使っていくかたちでの使命が日々与えられています。

あなたがそこにいることと、その人生を歩んできたことは偶然ではありません。人生の意味を求める人に、エステルに対してと同様に、神は答えを下さるはずです。

見えない神の手に信頼する

第三に、エステルは神が答えを持っていることを信じていました。

この王宮に連れて来られたプロセスの不思議の中に、神が働いていたのなら、不確実に見える未来にも、神の見えない手が働くことが可能です。

彼女は「私は行く」という自分の決断と共に、「神に働いていただく」という願いをもって、祈りのネットワークを広げます。

王都のユダヤ人たちを集めるようにモルデカイに頼み、自分の侍女《じじょ》たちと自分自身も含めて、三日三晩の断食を通して神に助けを求める時を過ごします。

そして三日経った後に、彼女は立ち上がり、王の庭に出かけて行くのです。

答えのない未来に一歩踏み出すときに、神に祈ることができる人は幸いです。自分の人生を左右するのは自分の知恵や勇気だけではありません。神が共にいてくださるかどうかが私たちの未来を決めるのです。

私たちが感じている失敗への恐れや自信のなさは、じつは意味ある人生のための大きな障害ではありません。

むしろ、その不安や違和感が指し示している自分のアイデンティティを、神から与えられたものとして受け取り直すときに、自分の生きる意味と使命がすでにそこにあることに気づかされていくのです。

Ⅱ

小さな者に目を留める神

マリアは言った。
「私のたましいは主をあがめ、私の霊は私の救い主である神をたたえます。
この卑しいはしために目を留めてくださったからです。
ご覧ください。今から後、どの時代の人々も私を幸いな者と呼ぶでしょう。」

ルカの福音書一章46～48節

「私って本当に幸せ！」と思うことがあるとしたら、それはどのような時でしょうか。

少女マリアがそのように自分を表現したのは、神の子イエスを身ごもるという知らせを神の御使いから受けた後でした。

彼女は、この不思議な体験を共有してくれることを期待して、親戚のエリサベツを遠くに訪ねます。エリサベツもまた、神の御使いに告げられて特別な妊娠をしている最中だったからです。

二人が会うなり、エリサベツは「私のおなかの赤ちゃんがあなたの声を聞いて踊っています！　神のことばを信じ切っている人は本当に幸せです！」と叫びます。マリアはそれに応答します。

「そうです。たしかに私は幸せです。私を幸せにしてくれているのは神様なんです。」

彼女がそこで語り始めた内容は、御使いに遭遇した特殊な体験についではなく、むしろその体験を通して自分にとって明らかになった「神がどのような方なのか」というテーマでした。

彼女は、神をどのような存在だと言っているのでしょうか。

小さな者を選び出す

第一に、マリアの実感は、神は小さな者に目を留めてくださるということでした。

イエスを身ごもったときのマリアは、十代半ばにもならない少女だったのではないかと言われています。

彼女には特別な立場があるわけでもなく、むしろユダヤ社会の中では女性は当たり前のように差別されていました。

「卑しいはしため」と自分を表現しているように、マリアにとって、自分のような小さな存在に神が語りかけてくださったということは、大きな驚きだったに違いありません。

しかし、旧約聖書を振り返ると、はるか昔から聖書の神は、いつも小さな者を選び出す神でした。

小さな民族イスラエルが神の民とされ、人前で話すのが苦手な殺人者が大集団のリーダーとされ、敵に見つかるのを怖がって隠れていた臆病者が戦いの勇者として呼び出され、かわいい顔をした末っ子の少年が未来の王として指名されたように、神によって選ばれたと語り伝えられている人々は、いつも小さな存在でした。

そのような過去の事実を、マリアは当然聞いて、知っていたはずです。しかしいま、自分の身に起こった現実の体験を通して、「私にも同じことが？」という驚きと感動を新たにしたことでしょう。

彼女の体験は、聖書に描かれている昔の話が、いまの自分とつながった体験でした。この神はいまも生きていて、かつて小さな人々を選んだように、私のことを選んでくださったのだ、と。

そして、そのようなマリアの理解は、他の人々に対しても同じようにしてくださるはずだという、神への信頼につながっていきます。

神を恐れる者に目を留める

「主の憐れみは、代々にわたって主を恐れる者に及びます」（ルカの福音書1章50節）。

このマリアのことばの中に、一つの条件が含まれていることがわかるでしょうか。

もう一つのマリアの実感は、神が目を留めるのは、神を恐れる者だということでした。優秀な者や影響力のある者ではなく、神に対して恐れる心を持っている者が、神の目に留まるというのです。

では、神を恐れるとは、どのような心のことを言うのでしょうか。

一連のマリアのことばから、二つの側面が挙げられます。

一つには、神を恐れるとは、神の前で正直な者として立つことです。力がない、勇気がない、愛がないならそのままで、神に助けを求めることを神は喜ばれます。なぜなら、神は常に人間に良いものを与えようとしている存在だからです。

「祈りに応えてくださるはずだ、必要なものを与えてくださるはずだ」と神に期待を寄せる人間は、神を恐れていると言えるでしょう。

反対に、自分を大きく見せようとして虚勢を張ったり、自分をごまかして、小さなプライドにしがみついて生きている人は、神への恐れを知らない人です。なぜなら、その人が相手にしているのは、人間の目だけだからです。

人間の目を恐れているという現実は、私たち皆に当てはまるのではないでしょうか。人からの評価や批判にびくびくしている私たちは、同時にいつも人を見下そうとする心を持っています。

そんな私たちを神は追い散らし、追い詰めるのだとマリアは語ります。

「主はその御腕で力強いわざを行い、心の思いの高ぶる者を追い散らされました」(同1章51節)。

しかし、私たちを突き放すようなこのことばの中に、なお神の愛があるのです。

聖書の神は、すべての人に対して愛を貫く方です。

高ぶる私たちを神が追い散らすとしたら、それは、私たちのことを神が愛しているからなのです。私たちの人生に介入し、生きる意味を問いかけ、心の向きを変えさせたいと願っているのです。

神は旧約聖書において、イスラエル民族に対して同様のことをしてきました。

イスラエル民族は神が選んだ特別な民です。しかし彼らは神を侮り、逆らうことを繰り返しました。

そのたびにイスラエル民族が苦難を通らされてきたことは、神の憐れみの歴史であり、人類全体に対する神の関わり方を示すモデルなのです。

本来の自分になる

そのように考えると、私たちの人生に起こることは、良いことであれ悪いことであれ、すべての背後に神の愛がある、と考えることができるのではないでしょうか。

この神は、私たちが自分の無力さに正直なときには特別な助けと力を与え、強がっているときには本来の自分に立ち返るように勘違いを戒めて、ありのままの姿で神の前に立つことを求めています。

そのままで神に向き合うときに、神が十二分に自分を助け導いてくださることを経験させるためです。

私たちは、自分自身の本当の貧しい姿を知りません。自分の真実を直視するのは怖いことです。しかし神は、私たちの真の姿を知った上で、むしろその姿のままで喜んで生きていける道を歩ませようとしているのです。

ですから、この神に向き合うときに、私たちは本来の自分自身になり始めることができます。

クリスマスとは、この神と私たちをつなげるために、マリアを通して救い主イエスが地上に生まれたことを祝う時です。

私以上に私を知り、私の幸せを確実にしてくれる神がいる――それが、クリスマスに語られている世界全体へのメッセージなのです。

Ⅲ いのちをかけるに価するもの

ネブカドネツァル王よ、このことについて、私たちはお答えする必要はありません。

もし、そうなれば、私たちが仕える神は、火の燃える炉から私たちを救い出すことができます。王よ、あなたの手からでも救い出します。

しかし、たとえそうでなくても、王よ、ご承知ください。私たちはあなたの神々には仕えず、あなたが建てた金の像を拝むこともしません。

ダニエル書3章16〜18節

「いのちをかける」という話に、かっこよさを感じませんか。

真剣で必死な感じ。だれかのために、何かのために、究極の覚悟をしていのちを捨てるストーリーに私たちは感動します。

ここに、人間の共通のあこがれがあると思うのです。

意味のある、価値のある生き方、人に本当に必要とされる生き方や死に方をしたい。どうせ死ぬなら人に注目されて、だれかに覚えていてほしい。

私たちは、ある意味では、毎日いのちを削りながら生きています。過ぎ去っていくいのちの時間に意味を与えるために、生きがいややりがいをいつも探しています。

何となく流されてではなく、自分で選んだ人生を生きたいと思っているのではないでしょうか。

しかし、私たちは本当にそれができるでしょうか。

大きな時代のうねり、社会の圧力があるときに、それに逆らうような生き方を選ぶ勇気を持てるでしょうか。

曲げない生き方――ダニエル書から

この箇所は、神に対する信仰のためにいのちをかけた三人の話の中の、彼らの決断のことばです。

バビロンで圧倒的な権力を誇るネブカドネツァル王の命令に、正面から逆らっている場面です。

彼ら三人はユダヤ人であり、唯一の神以外を礼拝しないことを心に定めていました。

巨大な金の像を拝めという王の命令に対し、国中のすべての人がその像にひれ伏しているという状況下で、彼らだけが、火の炉に投げ込まれるという刑罰を前にしても逆らい続けているのです。

彼らは少年時代からこの国に捕虜として連れて来られ、優秀な頭脳と聡明さを買われて官僚として高い地位を得ていました。この王国で王に仕える生活をすでに二十年ほどしていたのではないかと思います。

この国で王に逆らうことがどういうことなのか、さまざまな陰謀や危機を経験してすでに知っているはずでした。

彼らはこのとき、急に神に従い始めたのではないのです。異国の地における長い期間に、危機にさらされながらも、いつも自分の神だけを礼拝することを選び続け、そして、その結果としての恵みをたくさん受けてきた三人でした。

この彼らの決断の後に何か起こったのかを、現代の私たちへの励ましとしたいと思います。

彼らは怒りくるった王の命令で、縄で縛られたまま火炎の中に投げ込まれます。投げ込んだ兵士たちが炎に飲まれたほどの火力でした。

しかし、次の瞬間ネブカドネツァル王は、予想していたものとまったく違う情景を目にするのです。王は側近に尋ねます。

「投げ込んだのは三人だったよな？」

「はい、そうです。」

「四人見えないか？　おまけに三人は縄を解かれている。そして四人目は……あれは神の子か何かか？」

王は三人を火の中から呼び出しますが、四人目は見えなくなります。それがだれだったのか、聖書は答えを出していません。これは地上に誕生する前のイエスだったのではないか、と言われています。

最悪の時に共にいてくれる存在

ここから学べることは第一に、私たちの最悪の時に神が共にいるということです。

最悪の事態の中で、私たちに神の姿が見えるようになる、というほうが正しいかもしれません。視覚によってではなくて心でです。

かつて、私はある人から本当に怖い目に遭わされたことがあります。ひどいことばで非難されて、心が本当に追い詰められた時でした。

しかし、そのとき不思議な経験もしました。

「こんなとき、神様はどんな形で私のそばにいてくださるのだろうか」と思ったとき、ふと、その人を前にしながらも、私の頭をだれかが撫《な》でながら、励ましてくれているような気がしたのです。

私の気のせいといえばそれまでですが、神はいろいろなかたちで私たちを励ましてくださることが、事実あるのだと思うのです。

殉教《じゅんきょう》した人、苦難に遭う人は、信仰者の中に多くいました。意志力がある人だけが、それに耐えられたのではないと思うのです。

むしろ、共にいる神が不思議なかたちで支えてくださるから、弱々しい人でも従い続けることができる、ということではないでしょうか。

この三人は、バビロンの国の中でずっとそれを体験し、火の炉の中でも同じことを体験したのでしょう。

しかし、そうであるならば、どうしてこのようなことが起こるのを神は許すのでしょうか。何のために、これほど忠実な三人を追い詰めるのでしょうか。

他者を変える生き方

この後のネブカドネツァル王の反応を見てください。

彼は三人の生き方を通して驚愕《きょうがく》し、この三人が信仰している神のような力ある神は地上にいないと言い、彼らの神をあなどる者がいたら死刑だと宣言します。

王は聖書の神について詳しく知っていたわけではありません。しかし、この神は生きているということを悟ったのです。他の神々とはまったく別格の存在だということを。なぜなら、彼はこの三人が助け出されている姿を見たからです。

第二に学べることは、神に助け出される人の姿を見ることが、他の人々を変えるということです。

この巨大帝国バビロンの中で、帝国の権力組織を変えることはできなくても、それ以上のこと、つまり王の心を変えるということを、彼らは自分たちの危機を通る姿を通して成し遂げたのです。

私たちはラッキーなことに囲まれて生きることを願います。しかし、私たちが多くを学ぶのは、困難や苦悩の中を通るお互いの姿からです。

「あの状況の中でどのように歩み続けることができたのか」「あの中からどのように立ち直ったのか」「どのように神が助けてくれたのか」。それを私たちは知りたいし、それを見たときに、その人の信じているものに真剣に関心を持つようになるのではないでしょうか。

脱出の道がある

最後に、そうであるならば、私たちが神に信頼した上でなお与えられる苦難があるとしたら、それは神が救ってくださる未来を前提にしているものだということを心に刻みましょう。

いままさに苦しみの中にあるとしても、これがずっと続くことはないのです。必ず脱出の道があります。

この苦しみに意味を与えてくれるような未来が用意されています。まだそれは見えません。しかし、必ず神はここから最善の形で救い出してくださるはずなのです。

それを理解し、信じるとき、いまの苦難は、ただ我慢するという対象ではなく、その先のより良いものにつながっている神の与えたプロセスとして受け取る心がはじまります。

どのような時にも、希望をもって神の用意されている未来を待ち望む。神を信じるとは、そういうことなのです。

Ⅳ

キリストにならう

わたしはあなたがたに新しい戒めを与えます。互いに愛し合いなさい。わたしがあなたがたを愛したように、あなたがたも互いに愛し合いなさい。

ヨハネの福音書13章34節

「新しい戒め」というからには、古い戒めとは何なのでしょうか。

じつは古い戒めとは、旧約聖書の中で説明されているもので、まとめると二つの戒めに集約されるのだと、イエス自身が別の箇所で解説しています。

一つは「神を心から愛すること」であり、もう一つは「隣人を自分のように愛すること」です。

この二つの戒めと、「互いに愛し合いなさい」のいったいどこが違うのでしょうか。

かつて「自分自身を愛するように」隣人を愛するようにと、自分自身をモデルに命じられていたことが、「わたしがあなたがたを愛したように」と、イエス自身が愛のモデルとして置き換えられていることが、大きな変化と言えるでしょう。

では、隣人愛だけが新しい戒めになっているということは、神を愛することはもう考えなくてもよいのでしょうか。

じつは、この「わたしのように」というイエスの言い回しの中に、すでに神を愛するということが含まれているのです。

なぜなら、イエスは神の子であり、神ご自身である方ですから、イエスのような愛し方を真似ようとすることは、神の愛を真似ようとすることに他なりません。

他人を愛することにおいて、イエスを模範としようとするのならば、それこそが神を愛することにもなるのです。この新しい戒めは、「イエス」という特別な存在を介在させて、旧約聖書で語られ続けていた神の戒めを一つにまとめたものだと言えるでしょう。

私たちは「戒め」は嫌いです。

ルールや校則のようなものには、私たちを抑えつけるイメージがあります。しかし、共有している規則があることで、私たちはお互いの信頼を確認できます。お互いを縛っているルールがあるからこそ、安心して自由を享受できるということもあるのです。

イエスが与えている新しい戒めの意味も、人間にとっての新しい可能性や自由を指し示しているものなのです。

すでに受けている愛

第一に、「わたしがあなたがたを愛したように」と、愛の模範がイエス自身になっているということは、私たちが愛を学ぶにあたって、人から愛された経験が乏しくてよいことを意味します。

「愛されたことがないから愛せない」とは、ドラマやアニメでよく聞くことばです。

私がこんなふうに素直じゃないのは、こういう性格になっているのは、家庭環境のせい、親のせい、いじめられた経験があるせい。かつて私もそう思ったことがあります。

もし別の家庭に生まれていたら、もっと愛情表現をしてくれる人がそばにいてくれたら、いつもハグしてくれるような文化の中で育ったら、こんなにひねくれた私にはならなかったのではないか。

皆さんも、きっとそんな思いを持ったことがあるのではないでしょうか。

しかし、私たちはそこから抜け出せるのです。神があなたの父親になり、イエスがあなたの友になれば。それをあなたが受け入れるならば、私たちの心は「愛されている」という体験をあらためて神から受け取り始めることができます。

神の愛は目には見えないし、体で感じる感触はないかもしれませんが、二千年以上にわたってこの聖書の神は、多くの寂しさと極限状態のただ中にある人たちに、その心にわかる形で愛を伝えてくださってきました。

これは本当です。現代も、私たちが祈りをもって神を求めるときに、神の愛が注がれることを知ることができるのです。

孤独をも超える愛

第二に、この戒めが示しているのは、私たちは孤独の中にとどまらなくてよいということです。

何か正しいこと、良いことを行うときは、ひとりではじめなければならない場合があります。

たとえば、だれか弱い立場の人の味方をすることや不正を正すこと、陰口や八つ当たりに付き合うのをやめることや、だれかのために祈ることもそうでしょう。

しかし、周りの人がそのとき応援してくれなかったとしても、そこにはいつも、すでにそれをやっているお方がいるというのです。

イエスは、「一緒にやろう」と、前に立って招いてくださる方です。私たちが良いことを行おうとするとき、隣人を愛そうとするときに必ずそこにいてくださるのです。

このことは、私たちをあらゆるレベルのヒロイズムや慢心から救うものにもなります。

正しいことをしていると思うときに、私たちはもっとも傲慢《ごうまん》になり、それをやっていない人を責め、見下します。良い動機ではじまった良いことを、すぐに自己満足や自己顕示欲にまみれたものにすり替えてしまうのが、私たちです。

しかし、最前線に立っているのは自分ではなく、イエスなのだということに心を留めるとき、私たちは神と共に謙遜な歩みを続けることが可能になるのではないでしょうか。

与えられているもの

第三に、この戒めに従おうとするとき、実際にはまだ愛する心が自分に十分にないと思える場合でも、愛を志した時点で、私たちは大切なものを手に入れます。

私たちの中の何かが、いま選ぼうとしている道は正しいと、心を落ち着かせてくれます。たとえ選ぶことに葛藤や困難があるとしても、私たちの心に平安と呼べるものがはじまります。

自分の選択に対する納得と落ち着き。満足ということばにも近いかもしれません。

虚しさとか妬みとか、自分の心を食い散らかす感情から、脱却する道に自分が移り、心に自由が戻ってきたと感じることができるのです。

愛することは、それそのものが人間にとっての報酬です。ですから、本当の愛は見返りや結果を求めないのです。求める必要なく、心が満たされるからです。

そんな生き方を選び続ける人のことを、イエスは「わたしの弟子」と呼びます。

イエスの弟子の定義は、教会に行っていることや洗礼を受けていることではありませんでした。この生き方に進もうとしている人が、イエスの弟子であり、それを確認し励まし合うために洗礼や教会があるのです。

イエスはこの新しい戒めを通して、本当の愛を生きることによって得られる永続する安心と平安に、今日も私たちを招いています。

おわりに

二〇二〇年、玉川聖学院の七〇周年は、新型コロナウイルス感染防止のための自粛生活からはじまりました。誰もが想定していなかった普通ではない日常の中で、学校が発信し続けたのは、聖書のことばであり、礼拝の時間でした。それは七〇年来、貫かれてきた本校の心そのものです。

不安で先が見えないときに、私たちは、いつもは気づかないでいられた自分の弱さや人間のはかなさに直面します。人生のいろいろな事件や出来事に出会う中で、関わらないことにしていた不都合な事実にも、やがて向き合う時が来ます。

思春期の時代は、そんな葛藤のはじまりの時ではないでしょうか。その頃に考えたこと、それなりに出した結論を、私たちは生涯を通じて心の中で温めていくのではないかと思うのです。

そんな中高生時代に、自分にとっての異文化として聖書に出会った私にとって、いま、同じような葛藤を感じながら聞いているであろう生徒たちに語ることは、かつての自分に向き合うことでもあります。メッセージを準備しながら、いつも心に問います。このことばは、この結論は、今日の私にとっても真実なものであり続けているだろうか、と。

聖書に向き合うかぎり、私たちは「いつまでも残るもの」を問われ続けます。中高生に向けて語る自分のことばは、そのまま私自身のいまの生き方を問うものにもなっていくのです。

この小冊子の中に、皆さんが自分自身に対しての神からの語りかけを見つけてくださったら、望外の喜びです。

そして、語りかけを見つけたということは、応答が待たれているということにも心をとめていただければと思います。どのような時代をどのような心で歩んでいるとしても、永遠の神は、変わることなく私たちを招き続けておられます。

筆の遅い私を励まし続けてくださった、いのちのことば社の米本円香さんに心からの感謝を申し上げます。また、まえがきを執筆してくださった水口洋先生は、この小冊子をまとめることを勧めてくださり、良い動機づけを与え続けてくださいました。

礼拝からはじまる学校の毎日は、バーナード・バートン理事長をはじめとした多くの人の真実な祈りによって支えられています。

そして、玉川聖学院の生徒、教職員、そして保護者の皆さんのうちにある神への小さな期待が、日々の礼拝を真実なものにしています。

この日常の中で、求める者を拒まず、惜しみなく与えてくださる神は、私の毎日の必要にも答え続けてきてくださいました。この小冊子に書かれているすべてのことばは、神の憐れみによって与えられたものです。

二〇二〇年十月

安藤理恵子

著者

安藤理恵子（あんどう・りえこ）

宮城県仙台市生まれ。

東京大学文学部倫理学科卒業。キリスト者学生会（KGK）にて20年間奉仕。アバディーン大学神学修士。

2013年より玉川聖学院学院長。日本神の教会連盟練馬神の教会牧師。ワールド・ビジョン・ジャパン理事。

いまを生きるあなたへ
――神に招かれて

2020年11月 1 日　発行
2023年 4 月10日　4 刷

著　者　安藤理恵子
装丁・イラスト　Yoshida grafica　吉田ようこ
印刷製本　日本ハイコム株式会社
発　行　いのちのことば社〈フォレストブックス〉
〒164-0001 東京都中野区中野2-1-5
電話　03-5341-6924（編集）
03-5341-6920（営業）
FAX　03-5341-6932
e-mail:support@wlpm.or.jp
http://www.wlpm.or.jp/

ISBN 978-4-264-04198-6